LES

GRAVEURS

DU XIXe SIÈCLE

GUIDE DE L'AMATEUR D'ESTAMPES MODERNES

PAR

HENRI BERALDI

IV

BRASCASSAT — CHÉRET

PARIS
LIBRAIRIE L. CONQUET
5, RUE DROUOT, 5

1886

LES

GRAVEURS

DU XIXe SIÈCLE

LES

GRAVEURS

DU XIXe SIÈCLE

BRASCASSAT (Jacques-Raymond), peintre, né à Bordeaux en 1805, mort en 1867.

1. Une vue de la ville de *Menat* en Auvergne, 1831, lith. pour l'ouvrage du baron Taylor. — Une lith. dans *Croquis par divers artistes.* — Troupeau attaqué par un loup, (collection Bertauts). — Lutte de taureaux, et son pendant, 2 lith. in-fol.

2. *Études d'animaux*, six lith. in-4 en largeur, 1831.

   Celle qui porte le n° 3 (deux moutons) est un beau specimen de la manière de ce peintre, pour lequel les critiques, Planche, Thoré, etc., se montrèrent si féroces. Ce n'est pas non plus avec l'intention de le flatter qu'Edmond About l'appelait malicieusement *le Winterhalter des animaux.*

3. *Études par J.-B. Brascassat*, six lith. in-fol. en largeur.

   1. Mouton. — 2. Brebis et son agneau. — 3. Brebis. — 4. Mouton au repos. — 5. Taureau suisse à l'étable. —

6. Vache normande au pâturage (cette dernière pièce est lithographiée par Jules Laurens).

4. Le Renard et la Poule, petite eau-forte signée *J. R. B.*

Plusieurs tableaux de Brascassat ont été lithographiés ou gravés à l'eau-forte par divers artistes. Son tableau de *la Sorcière* (musée de Toulouse) a été lithographié dans *l'Artiste méridional* par de Lacger.

BRESDIN (Rodolphe), connu sous le nom de **CHIEN-CAILLOU**, né vers 1822, mort en 1885, jouit d'une manière de célébrité qu'il doit non pas à ses eaux-fortes et à ses lithographies, peu nombreuses et presque point connues, mais à une réputation de misère noire, effroyable, légendaire.

C'est à dessein que nous disons légendaire, car à entendre ceux qui l'ont approché, Bresdin n'était point, au moins dans les derniers temps de sa vie, dans une situation horrible et sans issue, et avec du travail et de l'ordre il se fût fait aisément une existence très tolérable. Mais il n'importe; désormais le nom de Chien-Caillou évoquera nécessairement le souvenir du taudis à quarante francs par an, du matelas veuf de sa laine, portée poignée par poignée au Mont-de-Piété, de l'échelle servant de commode, des carottes crues, de la gravure tirée avec du cirage faute de deux sous pour en avoir une épreuve chez l'imprimeur, et de l'infortuné lapin Petiot :

bref, du Chien-Caillou tel qu'il est sorti de la plume de Champfleury. [1]

Dans la nouvelle, qui date de 1845, Champfleury représente en traits saisissants le graveur exécutant d'admirables eaux-fortes, qu'un vieux juif lui achète pour un morceau de pain et revend ensuite à prix d'or en les donnant comme d'un élève de Rembrandt.

C'est encore là un Chien-Caillou de roman, et il en faut rabattre.

Des eaux-fortes, Bresdin n'en a fait que très peu, et elles sont extravagamment mauvaises. (Voir *Mon Rêve*, dans *l'Art moderne* : c'est absolument fou !)

Ce qu'il a laissé, c'est un petit nombre de lithographies. Il était très habile dessinateur à la plume, bizarre, visionnaire, et il a quelquefois

---

(1) *Chien-Caillou*, par Champfleury, Paris, Dentu. — La nouvelle n'a que trente pages, mais elle donne son nom à tout le livre, qui comprend encore *Grandeur et décadence d'une serinette*, *les Confessions de Sylvius*, etc.

Champfleury dut être séduit par ce nom bizarre de *Chien-Caillou*. En voici l'origine.

Bresdin, grand admirateur des romans de Cooper, avait voulu se faire une allure de sauvage ; il habita un temps dans une sorte de hutte et avait pris le nom de *Chingasgouk*, le chef indien du *Dernier des Mohicans*. Le populaire, à qui il faut des idées compréhensibles et qui ne connaît point Chingasgouk, en fit *Chien-Caillou*, qui resta.

Ce fut la bonne fortune de Bresdin que cette nouvelle de Champfleury ; il lui doit le petit bruit qui s'est fait autour de sa personnalité. Qui sait ? Ce fut peut-être aussi sa perte. Bresdin, déjà bohême exagéré de sa nature, une fois entré dans la peau de Chien-Caillou, n'eut plus le courage d'en sortir !

dessiné sur pierre, toujours des choses étranges.

Baigneuse; *Baigneuse et la Mort*, 2 p. in-8, (lithographie Rivière, Toulouse);

La Comédie de la Mort, in-4.

Deux titres in-4 : *Fables*. L'un des deux a cette légende : *Je porte cette pierre depuis cinquante ans*, et il est daté *de la Fosse aux lions*.

La Fuite en Égypte, 2 p. in-4.

Enfin sa pièce capitale, son cheval de bataille, *le Bon Samaritain*, grand in-fol., œuvre véritablement fantastique de lithographie à la plume : moitié vision étrange des anciens maîtres, mais aussi moitié travail de patience comme en exécutent les prisonniers : c'est ce que les artistes expriment pittoresquement en disant que c'est « noix de coco ».

Voilà tout. Peut-être omettons-nous quelques pièces, mais le cas n'est pas pendable ; d'ailleurs on les trouvera décrites dans le catalogue de l'œuvre de Bresdin, que va donner Aglaüs Bouvenne.

Car Chien-Caillou aura ce qui est réservé aux maîtres : un catalogue spécial. Quand je vous dis qu'il a encore de la chance !

BREVAL, graveur sur bois ; ouvrages illustrés de la période 1840.

BRÉVIÈRE (Louis-Henri), né à Forges-les-Eaux

le 15 décembre 1797, mort à Hyères le 2 juin 1869, est un des graveurs sur bois les plus appréciés des bibliophiles. En effet, sur les trois mille bois signés de ce nom, la plupart se trouvent dans les meilleurs livres illustrés de la période 1830-1850.

Brévière n'était pas un homme ordinaire, c'était un chercheur, l'esprit toujours tendu vers des découvertes nouvelles.

Élève de l'école de dessin de Rouen, où il se lia avec le peintre Court, il s'établit d'abord graveur de cachets, puis *graveur en tous genres* à Rouen, et en 1815 il grave sur bois la marque de l'imprimerie *Frédéric Baudry* : cette petite pièce, si peu délicate qu'elle soit, doit cependant être notée avec soin : elle passe pour être la première gravure exécutée dans notre pays *sur bois de bout* (1). Aussi, a-t-on quelquefois donné à Brévière le titre de rénovateur de la gravure sur bois en France. (2).

(1) L'on gravait auparavant non sur *buis*, mais sur *poirier*, et *de fil*. Voyez l'étude de M. Didot relative à la gravure sur bois.

(2) Voyez sur cet artiste :

Rapport sur les travaux de Brévière, présenté par M. Alfred Baudry, le 29 septembre 1869, au comité institué pour élever à Forges un monument en l'honneur de l'artiste.

L.-H. Brévière, dessinateur et graveur, rénovateur de la gravure sur bois en France (1797-1869), notes sur la vie d'un artiste normand, par J. Adeline, un vol. avec vignettes, eaux-fortes et autographes. Rouen, Augé, 1876.

M. Adeline fait remarquer qu'on a eu tort de donner Brévière comme un

Au moment où le procédé lithographique se popularise, Brévière l'introduit à Rouen ; le premier dans cette ville il dessine sur pierre deux pages de croquis, une *Élévation de la porte du Bac*, une *Jeanne d'Arc*, tirées par l'imprimeur Périaux (1), et offertes à l'Académie de Rouen en 1819.

En 1829 il est appelé par M. de Villebois à l'imprimerie royale ; un de ses premiers travaux est la gravure de dessins de Chenavard pour un album préparé à l'occasion de la visite du roi et de la reine de Naples. Il porta le titre officiel de dessinateur et graveur de l'imprimerie royale (nationale ou impériale) de 1834 à 1855. En même temps il gravait pour divers éditeurs, et trouvait encore le loisir de se livrer à des recherches scientifiques.

En 1832, il dévoile un procédé industriel permettant d'obtenir, d'une même planche, des reproductions de formats différents, à l'aide d'épreuves tirées sur des feuilles de gélatine dont on obtient la dilatation ou le retrait par immersion dans l'eau

élève de Thompson et d'attribuer à ce dernier les premières gravures sur bois de bout exécutées en France, l'arrivée de Thompson à Paris datant de 1817. Cette année-là, Brévière fit paraître ses premiers essais de gravure sur bois à plusieurs tons, en camaïeu et couleur. En 1819, Braun et Roëhle, graveurs allemands, viennent passer une année dans son atelier pour s'initier à ces nouveaux procédés. En même temps Brévière gravait des figures sur les rouleaux destinés à l'impression des indiennes.

(1) J. Hédou, *la Lithographie à Rouen*.

ou dans l'alcool. (Comme on le sait, les propriétés particulières de la gélatine sont aujourd'hui utilisées dans la photogravure.)

Dès 1845, il s'occupe de transformer les épreuves daguerriennes en planches gravées, mais il ne subsiste qu'une ou deux épreuves d'essai de ces héliogravures embryonnaires.

Il a publié une *Notice sur la Xylographie*, (Rouen, 1833), un *Discours sur le contraste et l'harmonie des couleurs*, et une étude sur *la Contrefaçon des billets de banque* (Paris, 1860). Il avait, en effet, imaginé des filigranes, vignettes et clichés propres à empêcher la falsification des billets de banque. Il s'est aussi beaucoup occupé d'impression en or et en couleur. Il existe quelques rares exemplaires du spécimen d'un ouvrage intitulé *le Louvre et ses Musées* que devait publier l'éditeur Renouard, et qui renferme presque exclusivement des planches de Brévière imprimées en couleur : l'artiste s'était passionné pour ces essais de polychrômie et de chromotypographie.

Brévière a eu pour associé Novion.

1. Brévière a laissé quelques eaux-fortes : *Voûte du Gros-Horloge à Rouen*; *Boiseries de la chapelle du château de Gaillon*; *Château* et *Jardin de Gaillon*; etc.

On peut citer encore les *Armoiries de la Corporation des Orfèvres de Rouen*, 1834. — *Corneille et le grand Condé*, d'après Court. — 2 pl. pour l'*Essai sur les girouettes, épis, crêtes*, de M. de La Quérière, 1846. — *Vue d'une ancienne église de Rouen*, d'après Melle Espérance Langlois, 1857.

Tout cela a peu d'importance. Quelques essais de burin (portraits de *l'Abbé Châtel*, de *l'Abbé Orsini*, de *Rabelais*), et de manière noire (*le Pont de Rouen en 1829*, — un portrait de *Louis-Philippe*, assez ridicule) en ont encore moins.

2. Illustrations sur bois.

Il n'est pas nécessaire d'en donner le détail : ce serait faire repasser inutilement sous les yeux du lecteur les titres d'une partie notable des principaux livres à vignettes sur bois, et ces livres sont trop bien connus pour qu'il soit utile de les citer (1). Il suffit d'appeler l'attention sur le nom de Brévière, qui se rencontre si souvent dans les divers

(1) Les livres illustrés du XIXe siècle sont dès à présent, — nous l'avons fait remarquer déjà, — l'objet d'une poursuite assidue de la part de très nombreux collectionneurs.

Parmi ces bibliophiles, une mention particulière est due à M. Gallimard, de la Société des Amis des Livres. Ce jeune amateur fut un des premiers à imaginer de former une bibliothèque spéciale de livres illustrés modernes, et par cela même qu'il fut un des premiers, il a pu mettre facilement à exécution son plan de campagne bibliographique, et le mener à bien avec rapidité.

Inutile d'entrer dans le détail de ce qu'il possède : il a tout.

Mais vous savez que pour les bibliophiles il ne suffit pas d'avoir ; il faut avoir dans des conditions exceptionnelles. Un livre qui n'est pas de nature à provoquer les convoitises et les jalousies des confrères n'est pas un vrai livre de bibliophile moderne. Aussi notre amateur s'est-il bien gardé de laisser échapper les exemplaires exceptionnels des ouvrages du XIXe siècle. C'est avec orgueil qu'il peut montrer, par exemple, le *Don Quichotte* de Dubochet, le *Diable boiteux* de 1840, la *Manon Lescaut* de Bourdin, *l'Ane mort*, le *Mémorial de Sainte-Hélène*, le *Paul et Virginie* de Curmer, en les annotant au passage de cette remarque prestigieuse :

Sur chine!

Il faut être amateur de livres modernes pour comprendre tout ce qu'il y a d'amour-propre satisfait, de joie intense, de légitime fierté dans ces simples mots : *Sur chine!*

De même, M. Gallimard peut montrer *les Animaux* en signalant que l'exemplaire a *les grands bois sur chine*. C'est encore *avec les bois sur*

ouvrages illustrés par Johannot, Nanteuil, Grandville, Raffet, ainsi que dans la *Bible*, l'*Imitation de Jésus-Christ*, *les Anglais peints par eux-mêmes*, *Paul et Virginie*, et autres ouvrages publiés par Curmer.

Vignettes de Langlois pour les *Contes populaires* de Frédéric Pluquet, et pour *Hymne à la Cloche*, Rouen.

Vignettes pour le *Magasin pittoresque* et le *Musée des Familles*.

Les trois vignettes de Johannot qui ornent l'édition originale de *Stello* d'Alf. de Vigny, (cette édition est rare; un exemplaire *non coupé*, vendu 150 fr. en 1884). Vignettes pour *Valentine* de George Sand, et *Une heure trop tard* d'Alph. Karr.

Vignettes de Garneray pour *les Pilotes de l'Iroise*, d'Éd. Corbière, 1832; de Tellier pour *Sakountala à Paris*, d'Eusèbe de Salles, 1833.

---

chine qu'est son Balzac en vingt volumes, (exemplaire donné par Balzac à David d'Angers). C'est avec des *épreuves d'artiste* ajoutées qu'est son exemplaire des *Chants et Chansons populaires*. Enfin c'est avec la suite complète des figures *avant la lettre* qu'il possède *l'Été* et *l'Hiver à Paris*, de Jules Janin. Voilà un morceau qui empêche de dormir plus d'un bibliophile que je sais.

Quant à M. Gallimard, je sais bien aussi, moi, ce qui l'empêche de dormir : c'est le *Gil Blas* de Gigoux *sur chine*, qu'il a eu la douleur de voir découvrir et enlever par un concurrent redoutable, M. Abel Giraudeau; c'est *la Pléïade*, toujours *sur chine*, de son ami M. Dugoujon ; ce sont les deux exemplaires *sur chine* des *Portes de fer* qui sont dans les bibliothèques de MM. Collin et Brivois !

A peine eut-il commencé à collectionner que notre confrère se dit : je vais faire pour les livres à figures modernes ce que d'autres amateurs ont fait pour les livres du XVIIIe siècle en mettant dans leurs exemplaires les tirages à part des fleurons : je vais m'efforcer de joindre à mes livres les *fumés*, ces épreuves d'artiste de la gravure sur bois.

Et dès aujourd'hui il peut montrer, enrichis des précieux fumés, nombre d'ouvrages illustrés, parmi lesquels nous nous rappelons avoir vu *les Français peints par eux-mêmes*, le *Paul et Virginie* de Curmer, le *Museum parisien*, le *Silvio Pellico* de 1843, *le Roi de Bohême*, le *Jérôme Paturot*, *le Prince Coqueluche*, *Polichinelle*, *le Casse-Noisette*, etc., etc., puis encore les suites complètes des fumés des illustrations de Giacomelli pour *l'Oiseau* de Michelet, pour *Jean-Paul Choppart*, pour le *Livre de mes petits-enfants* de M. Delapalme, et des illustrations de Vierge pour *l'Homme*

Bois de Charlet pour l'*Histoire de Napoléon*, d'Abel Hugo (Perrotin), 1833.

Collection orientale, Imprimerie royale, 1836 ; cadres et ornements d'après Chenavard.

Contes de La Fontaine (Bourdin éd.), 1839.

Ornements de Féart pour les *Oraisons funèbres* de Bossuet (Curmer éd.), 1839.

Histoire de la Sainte Vierge, par l'abbé Sibour.

Lettres d'Abailard et d'Héloïse, édition illustrée par Gigoux (Houdaille éd.), 1839.

Mémorial de Shakespeare (Baudry éd.), 1840.

Histoire de Napoléon de Laurent de l'Ardèche.

Histoire de l'Empereur, racontée dans un groupe par un vieux soldat, et recueillie par M. de Balzac. Vignettes de Lorentz (en charges), gravées par Brévière et Novion ; Hetzel, 1842, in-16.

Histoire de l'Algérie, par Léon Galibert, illustrée de vignettes sur bois et de figures sur acier (Furne éd.), 1843.

La Chine ouverte, par Old Nick (Émile Forgues), illustrations d'Aug. Borget (Fournier éd.), 1845.

La Touraine, de Stanislas Bellanger (Paris, Mercier, 1845) ; grand in-8. — *La Touraine*, de l'abbé Bourassé (Mame éd.) ; grand in-fol., 1865.

La Congrégation, *ou une Mission chez les Iroquois*, 1846, frontispice.

La Vie des Saints, frontispice de Wattier.

Histoire de Louis-Philippe, 1847-48.

Nouvelle Journée du chrétien, frontispice de Clerget.

Contes de Charles Nodier, édition publiée à Bruxelles par Hetzel.

Panthéon de la jeune France, frontispice de Wattier.

Les Beautés de l'Opéra, frontispice de Clerget.

---

qui rit, *la Maison de Nazareth*, l'*Histoire de France* et l'*Histoire de la Révolution* de Michelet.

Tous ces *fumés* sont d'une rare beauté ; en les comparant aux épreuves ordinaires on est frappé de la différence, c'est le jour et la nuit. Cette différence est encore plus considérable que ne l'est pour les livres du XVIIIe siècle, celle des épreuves de graveur avec les épreuves ordinaires.

Mais on ne confondra pas avec les *fumés* les vulgaires *tirages sans texte* des gravures sur bois, qui sont en train de devenir un article purement commercial.

Histoire des Peintres, par Charles Blanc.

Les Galeries publiques de l'Europe, par Armengaud; somptueuse publication.

Rome, de Mary-Lafon, 1851.

Ornements du moyen-âge.

Motifs d'ornements du XVIe siècle.

Catalogue des bronzes de Barbedienne (200 sujets).

L'*Imitation de Jésus-Christ*, 1855, dessins de Barrias, Bouguereau, Biennoury et Lenepveu.

Etc., etc., etc.

On trouve aussi dans un certain nombre d'ouvrages publiés à Rouen des bois gravés par Brévière : *Essai sur St-Georges de Boscherville*, par Deville, dessins de Langlois. — *La Peinture sur verre.* — *Essai sur St-Wandrille.* — *Voyage du chanoine de Cambremer à Rome*, dessins de Langlois. — *Histoire du privilège de Saint-Romain*, id. — Écusson de Rouen pour la *Description historique des maisons de Rouen*, 1821. — Armes de l'évêché pour la *Description de St-Ouen*, 1822. — Vue de la cathédrale pour *Notice sur l'incendie de la cathédrale de Rouen*, par Langlois, 1823. — Marque de l'imprimeur Nicétas Périaux, pour *Tombeaux de la cathédrale*, Rouen, 1833. — Portrait de Langlois, têtes de pages, lettres ornées, pour *Stalles de la cathédrale de Rouen*, par Langlois, 1838. — Marque de couverture pour *Essai sur la calligraphie des manuscrits du Moyen-Age*, par Langlois ; Rouen, 1841. — Portrait de Langlois, frontispices et lettres d'après Langlois pour *Essai sur les Danses des morts*, Rouen, 1852. (1).

Etc., etc.

BRIDOUX (FRANÇOIS-EUGÈNE-AUGUSTIN), né à Abbeville en 1813, élève de Forster, grand prix de gravure au concours de 1834.

Son morceau de concours (un adolescent tenant un arc), qui lui valut le prix de Rome, était bril-

(1) Plusieurs des pièces indiquées ci-dessus nous sont obligeamment signalées par M. Léon Lemaire, dessinateur et graveur, élève de Brévière.

lamment exécuté et promettait beaucoup. Les planches qu'il a publiées n'ont pas tout tenu, et le graveur ne s'est point élevé au dessus des régions de la deuxième médaille.

Portrait de Laure, d'après S. Memmi; — la Joconde, (envoi de Rome. Chalcographie); — la Vierge au candélabre, (deuxième médaille en 1841 : les chairs sont éteintes sous le surcroît des tailles); — Conception, de Murillo; — la Vierge et saint Joseph; — Pax vobis; — la Vierge, l'Enfant Jésus et un adorateur, d'après Léonard de Vinci; — la Belle Féronnière, 1847; — the Holy Family, d'après Murillo, 1851; — Agar et Ismaël, de Eastlake, 1850; — la Vierge Aldobrandini, 1859; — la Théologie (Jésus chez les docteurs), d'après Signol; — Louis-Philippe, d'après Winterhalter; etc.

BRIEND (Alfred), né à Matignon (Côtes-du-Nord), le 10 mai 1834.

Diverses eaux-fortes exposées depuis 1875.

Les eaux-fortes qui ornent l'ouvrage suivant :

VOYAGE DANS MON GRENIER : *Bouquins, Faïences, Autographes et Bibelots*. Paris, Morgand et Fatout, 1878; in-8.

Livre de grand luxe, imprimé à Lille par Danel, tiré à petit nombre, et enrichi de lettres gravées, culs-de-lampe, fac-simile d'autographes et de reliures, et de huit eaux-fortes représentant des objets d'art.

Il a été immédiatement épuisé. Succès dû à la richesse artistique du volume et à la sympathie que chaque bibliophile éprouve pour le spirituel propriétaire-descripteur des bibelots du *Grenier*, qui se met en scène ici en s'appelant lui-même « le Toqué ». (1)

BRION (GUSTAVE), peintre, 1824-1877.

Lithographies de paysages, d'après Félix Hafner, 2 p. — Intérieur breton, *G. Brion 1858*, procédé Vial. — Homme assis, 1863, procédé Vial.

Des tableaux de Brion ont été gravés par Rajon, Varin, ou lithographiés par Vernier, Soulange-Tessier, etc.

(1) Le « Toqué », c'est Charles Cousin, vice-président de la Société des Amis des Livres, bibelotier-bibliomane original et plein d'humour, qui n'a point le bouquin tragique ou solennel, et ne vise pas à être un de ces amateurs oracles, un de ces grands manitous de la bibliophilie qui vaticinent sur les millimètres de marge, les dates, les tirages, les états, les reliures, les roulettes, les dentelles, le chine et le japon. Ce n'est pas lui qui se fera jamais de la bile pour ces vétilles.

Il veut que la bibelotomanie lui soit un amusement, non un souci. Il lui plaît de baptiser « grenier » un appartement fort coquet, dans lequel sont rangés avec ordre des objets réunis, non pas suivant les règles imposées par les pontifes, mais suivant son goût à lui. Afin que nul n'en ignore, il a pris soin de mettre sur son ex-musæo cette devise : *C'est ma toquade!*, et pour qu'on soit mieux averti il n'appose jamais moins de deux de ces marques sur un même objet.

Vous voilà dûment prévenu ; ayant affaire à un toqué, vous perdez le droit de l'importuner de vos observations et de vos critiques, vous ne conservez que celui de rivaliser avec lui d'entrain et de joyeuse fantaisie : (ce n'est pas toujours facile ; les jours où il est convenablement excité et lancé, c'est un feu d'artifice).

O cher toqué, combien je vous trouve sensé, profond même, dans cette affaire !

Quelle aimable toquade que d'avoir fait tirer des exemplaires exceptionnels de votre somptueux *Grenier* pour les offrir à vos co-toqués !

Et il paraît que ça va recommencer ! (Voir plus loin, article *Cattelain*.)

Brion a illustré de 200 dessins *les Misérables* de Victor Hugo. La publication, annoncée par une affiche lithographiée non signée, imprimée chez Lemercier, eut un succès immense; il s'en vendit, paraît-il, 300,000 exemplaires. Bien que ce soit une édition populaire, à deux colonnes, et peu soignée comme tirage, elle prend place dans les bibliothèques d'amateurs, étant devenue une manière d'édition princeps depuis qu'il en a été publié une autre en cinq volumes, où l'on a utilisé les bois gravés d'après Brion, mais retouchés et amenés à un format plus grand.

Un détail très caractéristique : tous les personnages dessinés par Brion, dans cette illustration des *Misérables*, semblent uniquement habillés avec des couvertures de laine.

Influence indéniable de Millet !

BRISSOT (Félix), né en 1818, peintre, lithographe et graveur à l'eau-forte, petit-fils du célèbre girondin Brissot de Warville.

Pièces diverses.

Album de 12 lithographies, agréablement faites : 1. Ruines du château de Pierrefonds. — 2. Ruines de Pierrefonds. — 3. Chemin des Momes. — 4. Ruines de St-Pierre. — 5. Étangs de St-Pierre. — 6. St-Jean au Bois. — 7. Carrefour Bourbon. — 8. Étang de Ste-Perrine. — 9. Pont de Batigny. — 10. Ste-Corneille. — 11. Champlieu. — 12. Ruines de Pierrefonds. (Il faut les avoir avec l'adresse de l'imprimerie Lemercier.)

Diverses autres vues de Coucy, de Pierrefonds, de Compiègne et de ses environs, (publiées chez Hideux, place de l'Hôtel-de-Ville à Compiègne).

Rendez-vous de chasse, forêt de Compiègne (Napoléon III et l'impératrice Eugénie); cette lithographie in-4 a été réduite en une plus petite par Vernier.

Baudets espagnols. — Le Retour à la ferme. — Pâturage. — Un Attelage de bœufs en Normandie; (eaux-fortes publiées par Cadart).

BROSSETTE, lithographe contemporain.

Portrait de Victor Orsel, peintre, d'après lui-même, lithographié par Brossette à Lyon, 1852, in-4. — Savonarole, d'après Granet; etc.

BROWN (JOHN-LEWIS), né à Bordeaux en 1829, peintre et graveur.

1. Eaux-fortes.

Une série de planches à la pointe ou à l'aquatinte, exposées au Salon de 1868, et dont une seule a été publiée, dans la *Gazette des Beaux-Arts*.

La plus importante, de format in-4 (22 cent. sur 22 $\frac{1}{2}$), représente un sujet très affectionné du peintre : le maréchal de Conflans inspectant les côtes de Bretagne et surveillant les mouvements de la flotte anglaise.

2. Lithographies.

Une lithographie dans le *Journal des Haras*, 1849. — Steeple-chase, Bordeaux, 1856. — Dragon, 1860, 25 ép. — Cavalier, 1884, 100 ép. — Huntsman, 6 ép. — Promenade, 6 ép. — Cerf à l'eau, 6 ép. — Cavalier, 6 ép.

BROWNE (Mme DE SAUX, née de Bouteiller; qui signe HENRIETTE), peintre, a gravé à l'eau-forte plusieurs planches dont voici la liste complète :

1. Essai. — Homme debout dans la campagne, appuyé sur un bâton, la pipe à la bouche; in-4, 1852.

2. Essai. — Jeune femme assise devant un chevalet; in-4.

3. Essai. — Copie d'un portrait, d'après un « physionotrace »; in-32.

4. Croquis d'après nature. — Un passage sous une maison à pans de bois : un homme est assis à l'entrée de ce passage, sur la droite de la planche; in-4.

5. Copie du *Fumeur* de Meissonier (H. 11 cent.), (essai d'eau-forte, morsure très violente).

6. Homme couché sur le gazon, en costume du XVIIIe siècle, *Htte B. d'après Le Bas*; in-4 en largeur.

7. La Comtesse Walewska, petit portrait en buste, de profil à droite (H. 5 cent., forme ovale).

Dans les épreuves d'artiste, le portrait occupe la partie droite d'une planche grand in-8 en largeur; la planche mesure alors aux témoins : L. 21 cent. H. 12.

8. La Consolation (petite fille pleurant, consolée par un petit garçon); in-4.

9. LA CONFESSION, d'après Bida; in-4 en largeur.

10. Tête de petite fille, essai abandonné; in-8 rond.

11. Tête de jeune fille, essai abandonné; in-8.

12. LA ROBE DE JOSEPH, d'après Bida; in-fol.

13-14. L'Anesse et l'Anon; — La Vocation de saint Matthieu, 2 p. d'après Bida; in-4. (*Évangiles* de Hachette.)

BRUGNOT. — Graveur sur bois, époque 1840.

Bois pour *les Rues de Paris* (Kugelmann, 1844, grand in-8; texte par Louis Lurine et autres); *le Secret de Rome au XIXe siècle*, par Eug. Briffault; l'*Histoire de Napoléon* de Louis Lurine; *la Nouvelle Héloïse*, édition de Barbier, 1845; l'*Histoire d'Angleterre*, de Roujoux et Mainguet, 1845, 2 vol grand in-8; portrait du comte de Chevigné, en tête des *Contes rémois*, édition de 1843; etc.

BRUNELLIÈRE (P.). — Ce graveur en taille-douce a exécuté une partie des illustrations de l'ouvrage suivant :

LA PEAU DE CHAGRIN, par Balzac. Paris, Delloye et Lecou, 1838; grand in-8.

Rare et estimé avec le titre aux noms de Delloye et Lecou (remplacé ensuite par celui de Houdaille). Un exemplaire bien pur vaut aujourd'hui 150 à 200 francs.

Brunellière a gravé des images de piété; —*Les Églises de Paris, vingt belles* (sic) *gravures en taille-douce par P. Brunellière*, in-8; — diverses planches pour les *Galeries de Versailles*, etc.

Il y a aussi deux grandes estampes, *Iéna* et *Brienne*, signées de lui. Mieux vaut n'en rien dire.

BRUNEL-ROCQUE, lithographe. — Portraits du *Comte Walewski*, de *Labrouste*, directeur de Sainte-Barbe, de *Théodore Olivier*, etc.

BRUNET-DEBAINES, né au Havre en 1845, peintre et habile graveur à l'eau-forte. Il étudia d'abord la gravure avec Normand, l'architecture à l'École des Beaux-Arts, puis passa quelque temps dans l'atelier de Pils. Enfin il se mit à l'eau-forte et reçut des leçons de Lalanne, Jacquemart et Gaucherel. Il s'est présentement fixé en Angleterre.

Brunet-Debaines expose depuis 1866.

Nous donnons le catalogue de tout ce qu'il a produit jusqu'à ce jour ; les eaux-fortes originales d'abord, et ensuite les reproductions.

1. Paysage à Job près Honfleur, petite pièce, 1865.

2. La Solitude, chemin des phares, au Havre.

3. Église de Montmartre.

4. Pont Saint-Louis, 1866. (*Société des Aquafortistes.*)

5. RUINES DU CHATEAU DE TANCARVILLE. (*Idem.*)

6. Cour du château de Saint-Germain. — Chapelle Saint-Louis. — Vue perspective des terrasses. — Lanterne du château.

7. Vue de la cathédrale de Blois, 1869.

8. Notre-Dame de Bourges.

9. ÉGLISE SAINT-VIVIEN A ROUEN, 1870.

10. Cour de l'Hôtel-Dieu à Beaune.

11. L'Hôtel-de-Ville avant et après l'incendie, deux très petites pièces (pour le catalogue des peintures de l'Hôtel-de-Ville par M. de Bulmont).

12. Cul-de-lampe : retombée de voûte de l'abside de Saint-Séverin.

13. Hôtel-Dieu, derniers vestiges du pont Saint-Charles, 1872.

14. Intérieur de l'église Saint-Ouen à Pont-Audemer. — La rue d'Orléans à Pont-Audemer.

15. LES BORDS DE LA SEINE A ROUEN (le Cours-la-Reine), petite planche (pour le *Portfolio*).

16. L'ÉGLISE SAINT-SAUVEUR A CAEN, aquatinte.

Sert de frontispice à une notice sur divers artistes normands, par M. Samuel Frère, de l'Académie de Rouen. Cette notice contient le catalogue des planches de Brunet-Debaines jusqu'en 1878.

17. Le Quai et Notre-Dame vus de l'Hôtel-de-Ville, 1884.

18. RUE DE L'ÉPICERIE A ROUEN ; in-4.

19. PORTAIL DE LA CALENDRE.

---

20. La Ville d'Orléans sous Charles VII, d'après M. Lisch, architecte des Monuments historiques.

21. Six petites eaux-fortes d'après Van Goyen (le Petit Pont), Ruysdaël (le Cottage), Constable, Corot (Nymphes et Faunes).

Petites pièces exécutées avec soin pour des catalogues.

22. Eaux-fortes pour la *Galerie Durand-Ruel*.

23. Le Four à chaux, d'après Demarne, 1874.

24. INTÉRIEUR DE COUR EN ITALIE, d'après Decamps (*Catalogue Wilson*).

25. FUNÉRAILLES DE WILKIE, d'après Turner. (Goupil éd.)

26. ÉGLISE DE LA SALUTE à Venise, d'après Canaletti.

27. Paysage, d'après Daubigny. (*L'Art*).

28. Le vieux Château, d'après Cuyp. (*Portfolio*.)

29. Le Chemin creux, d'après J. Dupré. (*Catalogue Wilson*.)

30. La Chaumière à Arleux, d'après Corot.

31. Venise, d'après Bonington.

32. Approche de Venise, petite pièce d'après Turner.

33. Le Port de Ruysdael, d'après Turner; petite pièce.

34. Neuf gravures à l'aquatinte pour la *Vie de Turner* par Hammerton. Londres, 1882, in-8.

35. CHILL OCTOBER, d'après Millais.

36. LA GROTTE DE FINGAL, d'après E.-C. Johnson.

37. PASTORALE, d'après Corot; in-fol. en l. (Goupil.)

38. THE CORN FIELD, d'après Constable; in-fol. (Goupil.)

39. THE VALLEY FARM, d'après Constable; in-fol. (Goupil.)

40. THE HAYWEN, d'après Constable; in-fol.

41. OPENING OF THE LOCK, d'après Constable; in-fol.

42. « IN THE EVENING THERE SHALL BE LIGHT », d'après Leader; in-fol.

BRY (AUGUSTE). — Portrait lithographié de *Raffet*, in-12. Ce portrait a été retouché par Raffet.

BRY (ÉMILE). — Trois fac-simile d'après Raffet, publiés chez Lecomte : *Cinq mai! — Le Défilé nocturne* (qu'il ne faut pas confondre avec *la Revue nocturne*). — *Le Cri de Waterloo.*

BUHOT (FÉLIX), peintre et graveur à l'eau-forte, né à Valognes en 1847. Après avoir terminé ses humanités, il travailla quelque temps à l'École des Beaux-Arts et dans l'atelier de Pils, et prit des leçons de peinture avec Jules Noël. Il s'essaya par des illustrations et des croquis sur nature. Après la guerre, pendant laquelle il servit comme mobile, il fut quatre ans professeur au collège Rollin où il créa pour ses élèves un cours pratique de dessin au tableau.

Puis il s'est mis à faire des eaux-fortes; il y a apporté son imagination et sa couleur originales, souvent singulières, quelquefois même fantasques, (il signe alors de l'anagramme pittoresque de *Tohub*). Buhot a sa note à lui, vivante, et très moderne. Ce qui lui convient surtout, c'est la représentation des scènes prises dans les rues de Paris comme *la Place Pigalle en 1878*, *les Fiacres sur le quai de l'Hôtel-Dieu*, *la Fête nationale au boulevard de Clichy*, etc. Paris est un sujet inépuisable et toujours intéressant. Tout artiste qui s'attache à retracer quelque chose de la physionomie de la Grande Ville est presque certain de faire œuvre durable.

Buhot laisse presque toujours sa pointe s'égarer sur les marges de ses planches, y rêver pour ainsi dire, et former peu à peu des encadrements, de petits dessins accessoires, qui font au sujet principal un cortège amusant. C'est avec ces curieuses *remarques* qu'il faut avoir ses planches.

Voici le catalogue de son œuvre, ou plutôt du commencement d'un œuvre que l'artiste a le temps de développer, car il est jeune. (1)

1-10. Eaux-fortes d'après divers.

Félix Buhot n'a gravé que fort peu de reproductions; nous les cataloguons tout d'abord pour ne pas interrompre la série de ses compositions originales.

---

(1) Et Félix Buhot étant jeune, est fort ardent sur certaines questions; ce dont nous ne le blâmerons point.

Par exemple la question des papiers lui tient fort à cœur, et il faut l'en féliciter. Il pense avec raison que la qualité des papiers est une question

Victor Hugo, d'après David d'Angers (Lemerre éd.). — L'Enlèvement des Sabines, de Rubens; Soleil couchant, de Cuyp; Paysage de Th. Rousseau; Paysage de Knyff (pour des catalogues). — Un Dimanche en Alsace, d'après Jundt. — Un Cardinal, d'après Vibert. — Au fil de l'eau, d'après Jundt. — Le Soir, très bonne eau-forte d'après Corot. — M. Froment-Meurice (pour *Froment-Meurice, argentier de la Ville*, de Ph. Burty).

11-20. JAPONISME, *dix eaux-fortes par Félix Buhot 1883*, études d'après nature, d'objets d'art japonais faisant partie de la collection Ph. Burty; exécutées pour la plupart en 1875.

Titre. — Masque en bois. — Pharmacie, ivoire. — Génie, bronze. — Boîte à thé, porcelaine. — Vase en étain laqué. — Cavalier. — Crapaud en bronze. — La Barque de Dai-Koku, fac-simile d'un bois.— Ex-libris : papillon et libellule.

Publié par l'auteur, tirage à 150 exemplaires numérotés.

21-25. VASE DE CRISTAL par Froment-Meurice, pour le roi d'Espagne. — COUPE EN GIRASOL par le même, pour le duc d'Aumale. — Vase en bronze par Christophle. — Biberon en faïence d'Oiron (collection Spitzer). — Émail de Jean Pénicaud. (*Gazette des Beaux-Arts.*)

EAUX-FORTES ORIGINALES.

26-81. Premiers essais d'eau-forte.

Ma petite ville (Valognes), premier essai d'eau-forte (1873), in-8 en largeur. — Quatre planches de croquis au trait (tiré à 4 épreuves).— L'Avenue de l'Observatoire.— Le Couvent. — Boulevard extérieur. —Vieille femme et âne. — Les Anes de la Butte-aux-Cailles, in-12 en largeur.

---

capitale au point de vue de l'impression et de la conservation des estampes, et que nos papiers actuels sont généralement détestables. Il apporte donc des soins constants et méticuleux au choix des papiers sur lesquels il fait tirer ses eaux-fortes, prenant de préférence les papiers anciens, cherchant des

Quarante-six croquis divers (1874-75), la plupart de petite dimension : Matinée d'automne, l'Angelus, Une maison à

---

variétés de pâtes et de nuances; en un mot, se préoccupant de l'affinité intime du papier, comme grain, comme ton et comme aspect, avec le caractère de la planche à imprimer. Il a fait aussi, pour obtenir des résultats curieux, des essais d'impression sur papier imbibé d'essence de térébenthine; lorsqu'on réussit l'on obtient parfois des effets de coloration très singuliers; si le tour de main est manqué, l'épreuve coule, pour ainsi dire, et prend l'aspect d'une lithographie brouillée.

Buhot fait tirer ses épreuves sous ses yeux, demeurant en quelque sorte en collaboration constante avec l'imprimeur. Pour qu'on reconnaisse bien les épreuves tirées spécialement pour lui, pour qu'on distingue ses vraies *épreuves d'artiste* (ce que nous appellerons les épreuves d'artiste *d'artiste*, afin de les distinguer des épreuves d'artiste *commerciales*), il les marque d'un monogramme spécial, ici reproduit :

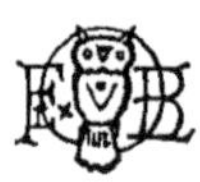

Il est fort bien que les graveurs se préoccupent ainsi, et se préoccupent beaucoup, de la qualité des épreuves de leurs planches!

Un autre souci de Félix Buhot est la création de musées d'estampes en province, et il a récemment fait dans le *Journal des Arts* une vigoureuse campagne à ce sujet.

Son idée peut se résumer ainsi :

« A Paris même, il serait désirable qu'il y eût un musée d'estampes. Il » y a déjà, il est vrai, un choix très bien fait d'estampes exposées à la » Bibliothèque Nationale : mais le Cabinet des Estampes n'est pas fréquenté » comme un musée, et d'ailleurs, l'emplacement ne permet qu'un choix » très restreint, ne comprenant presque pas d'estampes modernes et con- » temporaines.

» Et cependant il faut que les graveurs modernes aient toute leur place. » Ils ont, il est vrai, la ressource des Salons annuels, et aussi des étalages » des éditeurs d'estampes, sorte d'exposition permanente. Mais on peut » faire plus.

» On a émis l'avis de créer un musée d'estampes au Louvre à la place » du musée de marine. Ce n'est pas une solution pratique. Il faut bousculer » les musées et collections le moins possible, et d'ailleurs la place des gra- » veurs contemporains serait au Luxembourg plutôt qu'au Louvre.

» Mais en attendant que la question soit mûre pour Paris, on peut créer

» des musées d'estampes en province. Pour cela, la première chose à faire » est que les musées affectent dès à présent, une salle aux estampes.

» On pourra obtenir immédiatement un premier fonds, en demandant à » l'État l'envoi d'un choix de planches de la Chalcographie. (*)

» Pour ne pas user ses planches, d'ailleurs, la Chalcographie devra » prendre la précaution de les faire aciérer.

» Enfin les cabinets d'estampes s'augmenteraient ensuite, par des achats, » des dons faits par des collectionneurs; beaucoup d'artistes s'empresseraient » de leur offrir des épreuves de choix de leurs œuvres.

» Ces musées d'estampes ne pourraient que répandre et entretenir le » goût de la gravure, et puisque notre pays se pique à juste titre de briller » dans cet art et d'y occuper une place prépondérante, il ne doit rien » négliger de ce qui peut servir à lui conserver son rang. »

La ville de Rouen a saisi l'idée au vol et voté des fonds pour l'installation d'une salle d'estampes dans son musée. Les dons affluent.

Amiens, si nous ne nous trompons, en a fait autant, en joignant une nouvelle salle d'estampes modernes au Cabinet d'estampes anciennes déjà organisé au musée de Picardie.

Maintenant il faut de la patience, et ne pas s'imaginer qu'un musée peut se créer en vingt-quatre heures.

Il faut bien choisir les conservateurs de ces futurs musées; nous les prendrions plutôt dans les amateurs et collectionneurs que dans les graveurs, pour éviter les idées de parti-pris et les questions d'école.

Le point essentiel, c'est d'avoir des locaux. On peut même généraliser la question et dire que la ville qui, dès aujourd'hui, aurait des salles de musée disponibles et le ferait savoir, serait certaine de recueillir, avant qu'il soit longtemps, d'importantes collections de toutes sortes. Le Louvre ne peut tout recevoir.

Et puis, un accident n'est-il pas toujours possible. Une affreuse expérience ne nous montre-t-elle pas qu'un sinistre peut se produire. Il n'est pas bon d'avoir tous ses chefs-d'œuvre dans le même panier.

Plus il y aura de musées, mieux cela vaudra.

On pourrait arriver à un résultat en donnant de l'extension au dépôt légal. Ce serait toujours autant de sauvé. Le difficile est d'obtenir que le dépôt soit fait en belles épreuves. Nous avons déjà dit qu'il est d'usage de donner au dépôt ce que l'on a de plus mauvais! Nous ne nous lasserons pas de protester contre cette habitude cynique.

(*) Nous avons donné, page 63 du deuxième volume, un aperçu de ce que possède la Chalcographie.

d'ânes, Sujets japonais, etc. Quelques-uns sont signés *Tohub*. Plusieurs ont paru dans *Paris à l'eau-forte*, de Richard Lesclide.

La plupart des planches ont été détruites par l'auteur.

82-84. Adresse de *Sichel, rue Pigalle 11*, représentant un vase et un écran japonais.— Adresse de *Labric, 29 Boulevard des Capucines*, trois cartes sur le même cuivre : sujet japonais. — *Marche japonaise*, titre d'un morceau de musique (gillotage).

85-90. L'Ensorcelée, par Barbey d'Aurevilly, 1877 (Lemerre éd.), suite de six illustrations composées et gravées par F. Buhot.

Il a été tiré une douzaine d'épreuves avec les marges couvertes de petits dessins accessoires. L'auteur a qualifié ces marges, qui *accompagnent* le sujet principal, dans le même *ton*, du nom de *marges symphoniques*, ou *épisodiques*.

91-95. Le Chevalier Destouches, par Barbey d'Aurevilly, 1878 (Lemerre éd.), suite de cinq illustrations.

Douze collections avec marges comme ci-dessus, couvertes de dessins accessoires; c'est un état fort intéressant.

96-98. Le Diable amoureux, de Cazotte, 1878 (Quantin éd.), trois vignettes, têtes de pages.

99-108. Une vieille Maîtresse, par Barbey d'Aurevilly, 1879 (Lemerre éd.), suite de dix illustrations.

Tirage de 38 collections avec marges illustrées, dont 25 ont été remises à l'éditeur. C'est dans cet état qu'il faut avoir la suite.

109-113. Lettres de mon moulin, par Alphonse

Daudet, 1880 (Lemerre éd.), suite de cinq illustrations.

Tirage de 33 collections avec marges « symphoniques ».

114-121. Planches gravées pour *l'Ensorcelée*, *le Chevalier Destouches* et *la Vieille Maîtresse*, et qui ne sont pas entrées dans la publication.

Ces planches sont demeurées au premier état.

1. Idée de frontispice pour *l'Ensorcelée*. — 2. Deuxième idée de frontispice. — 3. Ex-libris pour *l'Ensorcelée*. — 4. Vignette pour *l'Ensorcelée*. — 5. Vignette pour *le Chevalier Destouches*. — 6 à 8. Trois vignettes pour *Une vieille Maîtresse*.

---

122. Un Grain a Trouville, 1875 (Cadart éd.), jolie pièce, petit in-4 en largeur, signée *Tohub* et datée de 1874.

123. UNE MATINÉE D'HIVER AU QUAI DE L'HOTEL-DIEU (ou les Fiacres), grand in-4 en largeur (Cadart).

Voici un exemple de ce que peut donner un papier bien choisi. La meilleure épreuve que nous ayons vue de cette eau-forte qui s'est beaucoup vendue, était tirée sur un papier d'un ton légèrement gris, qui faisait mieux ressortir l'effet d'un temps triste et pluvieux que le meilleur japon ou hollande.

124. L'Illustration nouvelle, 1877, frontispice in-fol. (Cadart).

Cette pièce s'appelait aussi : *l'Enterrement du burin*. A la bonne heure! voilà un titre qui dévoile naïvement les prétentions de l'aquafortisme à cette époque. Depuis il a mis de l'eau dans son vin.

125. Le Retour des Artistes, Champs-Élysées (par une pluie battante), 1877, in-4 en largeur (Cadart).

126. EMBARCADÈRE A TROUVILLE, 1878, in-4 en l. (Cadart).

127. LA FÊTE NATIONALE AU BOULEVARD DE CLICHY, in-4, 1878 (Cadart).

Pièce amusante avec de petits sujets sur les marges.

128. L'HIVER A PARIS, vue de la place Bréda, 1880, in-4 en l. (*L'Art.*)

---

129. LA PLACE PIGALLE EN 1878, in-4 en largeur, sujets accessoires dans l'angle droit.

Inédite, ainsi que toutes les pièces suivantes.

130. DÉBARQUEMENT EN ANGLETERRE, effet de mauvais temps à la nuit tombante, 1879, in-4.

Au premier état avec marges illustrées (20 épreuves); c'est une des plus curieuses pièces de l'œuvre.

131. Les marges de la planche précédente, coupées, tirées séparément et formant quatre petites pièces.

132. UNE JETÉE EN ANGLETERRE, même sujet que la pièce précédente, mais en sens inverse (la mer est à gauche) et d'un effet très différent, in-4. (Pointe sèche lavée d'aquatinte.)

133-142. Dix essais divers : pointe sèche, vernis mou et mezzotinte.

143. La Traversée, pont d'un paquebot; in-4. Marges illustrées. Inachevé.

144. LA DAME AUX CYGNES, souvenir de Barham-Court, in-8 en largeur.

145. L'Orage, souvenir d'un tableau de Constable, grand in-8 en largeur.

146. Le Peintre de marine, pointe sèche, petit in-4 en largeur.

147. Un vieux chantier à Rochester, in-4 en largeur.

Planche détruite après 20 épreuves.

148. Les Voisins de campagne, in-8 en largeur.

Jolie composition, d'un faire très curieux, véritable eau-forte de peintre.

149. Les petites Chaumières, in-8 en largeur.

150-151. Les grandes Chaumières. — Bergeries, soleil couchant, in-4 en largeur.

Les meilleures épreuves de ces deux pièces sont sur papiers essencés.

152. La Chapelle Saint-Michel a l'Estre, in-4 en largeur.

Les épreuves d'artiste sont sur papier de Rives ancien, verdâtre.

153. Marine, souvenir du Medway, in-4 en largeur.

154. Le petit Enterrement, jolie petite pièce in-12 en largeur.

155-156. LE PALAIS DE WESTMINSTER ; — WESTMINSTER-BRIDGE, 2 pièces in-4 en l.

Marges illustrées.

157. Marine, environs de Gravesend, petit in-fol. en largeur.

158. Matinée d'hiver sur les quais (à peu près le

même sujet que le nº 117, mais plus grand), petit in-fol. en largeur.

159. CONVOI FUNÈBRE AU BOULEVARD DE CLICHY, essai d'aquatinte, in-fol. en largeur.

160. LES ESPRITS DES VILLES MORTES, pièce fantastique, in-fol. en largeur.

161. LE HIBOU, grand frontispice in-fol. avec le titre *Pauca Paucis*.

Pour une série de grandes eaux-fortes ci-dessus indiquées, et d'autres en préparation parmi lesquelles *Underground* (le chemin de fer souterrain à Londres), *Smoke and fog* (marine), la Terre inconnue, publiées à petit nombre par l'artiste.

162. LE PORT AUX MOUETTES, marine; in-4 en largeur.

163. LA PLACE DES MARTYRS ET LA TAVERNE DU BAGNE, 1885; in-fol. en largeur. (L. 35 cent., et 45 avec les marges épisodiques.)

Cette eau-forte rappelle une des curiosités parisiennes de 1885.

C'est le soir. La fête foraine a attiré sur le boulevard extérieur une foule compacte. Au fond, flamboie l'appentis dans lequel le citoyen Lisbonne a installé la truculente taverne. A la porte de droite, des gardiens de la paix, placides, facilitent l'entrée en faisant ranger les arrivants. Par la porte de gauche sortent les clients qui viennent de consommer, (et de payer), et que l'ingénieux impresario appelle les « libérés ».

L'estampe, malheureusement, ne peut pas nous montrer l'intérieur de la taverne, avec ses fanaux, ses murs en planches ornés de portraits de forçats (dont plusieurs sont aujourd'hui députés); elle ne peut pas nous montrer la foule servie par les garçons-galériens, à têtes de figurants de l'Ambigu, en casaque rouge, en bonnet vert, la chaîne au pied, un boulet de fer-blanc à la ceinture; ni les fac-simile de gardes-chiourmes, le briquet sous le bras. Elle ne peut reproduire les appels de cloche et les coups de sifflet de manœuvre, ni donner l'idée de la voix caverneuse avec laquelle les pseudo-forçats à qui vous demandez un bock, répètent : *Un boulet! un!*

Il faudrait décidément une seconde planche, pour ne pas laisser se perdre la physionomie de ce petit bagne folâtre.

BULAND, graveur au burin.

Marie-Christine dans l'atelier du Guerchin; — *Marcello faisant chanter ses psaumes*, d'après Rubio (Goupil éd.). — Images de piété, etc.

Portrait de *M. de Chevigné* d'après Meissonier, en tête des *Contes rémois*, édition de 1858. — *L'abbé Cestac.* — *Proud'hon.*

BURDET, graveur en taille-douce, a exposé depuis 1827.

1. Nombreuses vignettes éparses dans divers ouvrages.

Les Messéniennes de Casimir Delavigne, 1824; — *Les Nuits d'Young*; — *Némésis* de 1835; — *Chateaubriand* et *Walter Scott*, éditions de Pourrat; — *Paul de Kock*, édition de Barba; — *Faust* illustré par Johannot; — *Notre-Dame de Paris*; — *Napoléon en Égypte*; — *Histoire de Napoléon* par Norvins; — *La Révolution*; *Le Consulat et l'Empire*.

2. Diverses estampes, taille-douce ou manière noire.

Psyché et l'Amour, d'après Picot; — la Première Naissance, d'après Vauchelet; — *Mon père, pardonnez-leur*, de Van Dyck, musée d'Anvers; — Mater Christi, de Van Dyck; — Immaculée Conception, de Murillo.

3. Planches pour les *Galeries de Versailles*, particulièrement d'après Horace Vernet.

Bataille de Fontenoy.— Attaque de la citadelle d'Anvers. — Siège de Constantine. — Prise de Constantine.

4. PRISE DE LA SMALA, d'après H. Vernet, très grande planche (1 mètre 11 cent. de large) publiée par Gavard en supplément aux *Galeries de Versailles*. Elle est accompagnée d'une planche explicative réduite.

L'exécution de cette estampe est très froide et sent le métier. Néanmoins c'est une pièce à ne pas négliger et nous la tenons pour susceptible d'entrer dans les portefeuilles d'amateur.

Lorsque le tableau de *la Smala* fut exposé, la critique, contrariante personne, eut à peine vu l'immense toile qu'elle s'écria aussitôt : Pourquoi Horace Vernet n'a-t-il pas fait de sa *Smala* un tableau de chevalet ou une lithographie? (*sic*, voyez les *Salons* de Thoré). Espérons que la gravure, en réduisant *la Smala* aux proportions demandées, a dû lui donner une demi-satisfaction.

BURNAND (EUGÈNE), peintre-graveur contemporain.

1. Diverses eaux-fortes publiées chez Cadart. — Reproduction de son tableau, Taureau dans les Alpes, etc.

2. *Contes d'Alphonse Daudet*, (Jouaust éd.), 1883, suite de six eaux-fortes et un portrait.

3. MIREILLE, *poëme provençal par Frédéric Mistral, traduction française de l'auteur accompagnée du texte original. Avec 25 eaux-fortes dessinées et gravées par Eugène Burnand, et*

47 dessins du même artiste reproduits par le procédé Gillot. Hachette, 1884, in-4.

Ce beau volume a été mis en vente au prix de 50 fr.

BURNEY (François-Eugène), graveur, né à Mailley (Haute-Saône), élève de Gaillard ; il serait presque inutile de le dire, tellement sa manière est caractérisée.

1. M. de Niewerkerke, d'après Ingres, étude, 1863.

2. Étude d'après Holbein, au trait simplement.

3. Étude d'après Velasquez, 1877.

4. Mgr. Pie, étude d'après le dessin de Gaillard, 1878, ébauche.

5. Le Jour, d'après Michel-Ange, étude.

Trois états.

6. La belle Chocolatière, grande estampe d'après Liotard.

7. Innocent X, d'après Velasquez, in-4.

Onze états, le onzième étant encore avant toute lettre. La tête s'aperçoit sur le premier, elle est effacée sur les deux suivants; elle reparaît au quatrième.

8. Sainte Geneviève, d'après le carton de Puvis de Chavannes.

9. Deux petites têtes d'après Jeanniot, destinées aux titres de *Melle de Maupin*, édition Conquet.

Ce ne sont pas celles-là qui ont été publiées, mais celles qui ont été gravées par Champollion d'après Louis Leloir.

10. THÉOPHILE GAUTIER, jeune, pour le même ouvrage.

Six états. Les quatre premiers ont, comme remarque, une petite tête de Th. Gautier âgé, placée sous le milieu du portrait. Aux cinquième et sixième états, cette tête a été effacée au milieu de la planche et regravée sous la partie gauche du Th. Gautier jeune. Le dernier état porte la signature *Burney.*

11. Zola, — Sardou, — Hugo, — Dumas fils, 4 portraits in-12 sur la même planche.

12. MADAME EDMOND ADAM, in-4 à claire-voie.

Quatre états, le dernier est sans aucune lettre et inachevé.

13. M. LÉON CORNUDET, profil, in-8.

1. Eau-forte. — 2. La tête terminée. — 3. Avec l'encadrement. — 4. Le nom *Burney* sous la tablette.

14. Le docteur Paradis, âgé, de face, in-8.

Cinq états. Le meilleur est le quatrième, caractérisé par une ombre portée derrière toute la tête. Cette ombre a été ensuite effacée.

15. Mgr. Dubar, in-8, claire-voie.

1. Avant le nom de l'imp. Salmon. — 2. Avec ce nom.

16. MGR. DE SÉGUR, d'après Gaillard, grand in-4.

1. La figure et la main blanches, sans le nom de Gaillard. — 2. Fond remordu, avec le nom de Gaillard. — 3 et 4. Vêtements plus sombres. — 5. Modelé dans la figure. — 6, 7 et 8. Modelé de la figure et des mains. Le huitième état donne, à notre avis, le maximum d'effet, et il est très beau. — 9 et 10. Modelé de la figure adouci. — 11. Avec la signature *Burney* au bas et à droite.

17. ANDRÉ THEURIET, d'après Bastien-Lepage, in-18, à claire-voie (Conquet éd.).

BURTY (PHILIPPE), né en 1830, collectionneur, écrivain, et inspecteur des Beaux-Arts, possède à son actif un œuvre de graveur : il a voulu se rendre compte de la pratique de l'eau-forte, et l'a étudiée avec Péquégnot.

1. Croquis divers.

1. Croquis d'après Loutherbourg (homme faisant danser des chiens). — 2. Croquis, deux turcs. — 3. Amours dont l'un tient un masque tragique. Sur la même planche, un âne avec la devise *Je médite*, pièce en forme d'ex-libris. La planche a été coupée, et on lit ensuite au bas de la pièce de l'Ane : *Ph. Burty, rue du Petit-Banquier 4.* — 4. Adresse de *Lasenby Liberty, 218 Regent Street, W. Imp. Delâtre London* (deux papillons et deux caractères japonais). — 5. Croquis. Une fausse bague ancienne et une tête de jeune fille (miss S...... H....) sur le même cuivre. Londres, mai 1865.

2. Objets japonais.

6. Pointe sèche d'après un netzché japonais en ivoire; vieille poétesse. — 7. Garde de sabre japonais, pointe sèche signée *Ph. B.* — 8. Objets japonais : masque d'après un ivoire; poulpe tenant un éventail, d'après un bronze. — 9. Deux rats, d'après des bois japonais; indication d'un masque (et en deuxième état, croquis d'un petit japonais se défendant contre un énorme colimaçon). — 10. Gorille jouant avec son petit, bois japonais. — 11. Un homme ouvrant un piège à rats pendant qu'un rat se promène sur son dos, très jolie pièce en ivoire. — 12. Petite tortue en argent d'une allure très vivante et d'un travail précieux. Fac-simile d'un dessin (spécimen du catalogue considérable que Ph. Burty dresse de tous les objets japonais composant sa collection).

Philippe Burty a joué un rôle considérable dans la gravure contemporaine, sinon par la pointe, du moins par la plume. Il fut le précurseur annonçant la renaissance et le triomphe prochain de l'eau-forte originale.

Collectionneur ou écrivain, c'est un passionné qui cherche les jouissances intenses de l'inconnu ; il lui faut des pistes vierges où nul ne se soit lancé avant lui. Laissant la foule des amateurs suivre les grandes routes battues, sans imprévu, il part seul pour des régions inexplorées. Dès 1850 il pressent l'eau-forte moderne et la collectionne, alors que ceux mêmes qui la font ne soupçonnent pas leur talent et *flambent leurs planches avec leurs épreuves d'essais!* Un des premiers il estime à leur vraie mesure Méryon, Bracquemond, Paul Huet, Seymour Haden, Mme O'Connell, et se préoccupe de dresser le catalogue de leurs œuvres. (Et il est bien autrement difficile de savoir découvrir un contemporain que de réinventer pour la millième fois Martin Schœn ou Rembrandt!). En 1861, il rédige le fameux catalogue de la vente Parguez, qui fut le *Nonnes, réveillez-vous!* de la lithographie; il rédige pareillement le catalogue de la vente du colonel de La Combe. Il a rompu des lances pour Millet, peintre et graveur, et l'a catalogué au moment où il y avait à cela faire de l'originalité et même du courage. Depuis, Millet est passé dieu, et aujourd'hui la véritable originalité consisterait à émonder un peu l'enthousiasme du public chauffé à blanc : mais on se ferait lapider.

Puis lorsque le troupeau des collectionneurs s'est jeté sur sa trace, il abandonne un terrain désormais banal et se précipite plus ardent vers d'autres nouveaux mondes.

Les eaux-fortes dont nous avons donné plus haut la liste nous indiquent sa dernière et sa plus violente passion : le Japon, qu'un des premiers encore il a collectionné avec une ardeur que lui-même définit quand il compare le *japonisme* à l'alcoolisme ! (1)

---

(1) Nous ne quitterons pas Ph. Burty sans citer un bien joli article de lui, intitulé *la Belle Épreuve*. Il s'agit de faire comprendre aux profanes pourquoi une « belle épreuve » est une chose si rare, si désirable, si digne des prix élevés que la paient les collectionneurs. Je ne sais si le morceau convaincra les non-amateurs, cette race est bien dure à persuader; mais à coup sûr les iconophiles sentiront qu'il émane d'un connaisseur,

Et que la passion [de l'estampe] *parle là toute pure.*

« On s'est épris, — dit M. Burty, — de ce qui a été produit de nos jours

BUTAVAND, graveur contemporain. — Reproductions en fac-simile de dessins de maîtres. — Un petit *Chemin de Croix* d'après Gérard Seguin. — *Portrait d'homme lisant*, etc.

Heures nouvelles, paroissien, par l'abbé Dasance, Paris, Curmer, 1841, ornements d'après Féart, et 12 gravures par Keller, Steifensand et Butavand.

BUTIN (Ulysse), né à Saint-Quentin en 1838, mort en 1884, élève de Picot, s'était fait le peintre des pêcheurs de nos côtes normandes. Il représentait cette rude population de marins avec un réalisme qui n'excluait point la poésie. On a de lui quelques eaux-fortes : *Femmes au cabestan, à Villerville*; — *L'Attente un samedi*; etc.

CABAT (Louis), peintre-paysagiste, membre de l'Institut, né à Paris en 1812, a gravé à l'eau-forte plusieurs paysages.

» de parfait en Europe depuis la renaissance de l'eau-forte, renaissance
» provoquée en France par le romantisme.

» Il est temps de donner au public la raison, non pas de la valeur
» accordée à un ensemble d'œuvres que le mérite personnel d'un maître
» rend toujours intéressantes, mais du prix bien plus élevé attaché parfois
» à certaines de ces œuvres. Lorsque la rareté ne détermine pas seule cette
» hausse des prix, la raison en est dans « la belle épreuve ».

» La beauté de l'épreuve, due à un ensemble de circonstances que nous
» allons expliquer, classe à part le sentiment de l'artiste qui en a conçu

1. L'ÉTANG DE VILLE-D'AVRAY; in-4 en largeur (L. 24 cent. H. 15).

A gauche, l'étang. Au milieu, sur le bord d'un chemin

» l'effet, l'habileté de l'imprimeur qui l'a fait naître, le goût de l'amateur qui » la distingue et la choie dans ses cartons. Elle n'échappe pas d'ailleurs à » cette loi universelle qui veut que les choses belles soient rares. Elle a, » dans ces derniers temps, poussé virtuellement les imprimeurs à élever » considérablement la moyenne de leurs tirages....

» Singulier dans tout, Rembrandt, le seul ou à bien peu près dans son » temps, a employé ce papier du Japon, épais comme le satin, miroitant » comme le vélin, du ton ambré d'un fragment de Paros antique, assurant » à l'épreuve la perpétuelle caresse d'un rayon de soleil. Rembrandt tenait » ces feuilles de quelque capitaine ou négociant hollandais, revenus de » Kioto. Il en était chiche. Il les réservait pour les portraits d'amis, pour » ces grandes pièces qui exigent des noirs soutenus et nuancés, en oppo- » sition avec des lumières mouvantes et des détails élégants. Sur ce papier » est tirée la superbe épreuve du *Jésus guérissant les malades* qu'a pos- » sédée Gulichon et qu'acheta Théodore Rousseau....

» De nos jours, certains maîtres ont trouvé la caractéristique de leur » œuvre dans certains papiers : Charles Méryon affectionnait un papier » vergé verdâtre, qui ajoutait son ton lunaire à l'étrangeté de ses silhouettes » de maisons parisiennes oubliées; Charles Daubigny arrachait les feuillets » de garde, fins et sonores, des livres imprimés en Hollande au XVIIIe siècle; » François Millet s'arrangeait bien du papier italien, qui est à gros grain » et à pâte robuste. On rencontre des Jules Jacquemart superlatifs tirés » sur parchemin. Francis Seymour Haden, amoureux d'un idéal galant, » a épuisé toute la série de ce qui est souple et précieux. Les états de » l'*Érasme* de Bracquemond sont sur un papier janséniste, pur XVIIe siècle » français.

» Ces pièces, sur ces papiers introuvables, sont réservées aux jouissances » des amateurs dilettantes. Elles ont eu ce résultat capital de conduire nos » imprimeurs à commander à leurs fabricants des cuves de papier vergé » dont la fermeté et l'homogénéité permettent, pourvu que l'ouvrier y » apporte de la conscience, des tirages égaux en harmonie et en force aux » *bons à tirer* fournis par les artistes. Actuellement, des papiers des plus » belles qualités nous arrivent du Japon régulièrement. »

Et encore, il y a fort à dire, à notre avis, sur ce hollande sec, collé, cassant et gondolant!

Ph. Burty fait ressortir ensuite combien la « belle épreuve » exige de soins

raviné, creusé d'ornières, deux grands arbres. Dans le fond à droite, la lisière d'un bois.

Belle pièce, publiée dans le *Musée* d'Al. Decamps, 1834. Il en existe un report sur pierre.

---

de la part de l'imprimeur pour l'encrage, l'essuyage, le retroussage de la planche, le brossage du papier, le tirage des épreuves, leur séchage (qui doit être fait à l'air libre et non en piles); toutes opérations dans lesquelles la « belle épreuve » peut laisser quelque chose de sa beauté si elles sont mal conduites.

Et maintenant une question intéressante. Comment devons-nous présenter la « belle épreuve » dans nos collections?

« Convient-il de rogner les marges de cette belle épreuve? Nos pères
» croyaient que oui. Et il faut réfléchir quand on voit un amateur du goût
» de Mariette couper, à un centimètre des *témoins*, les Rembrandt, les
» Van Dyck, les Claude Lorrain, les Ruysdael, les Hollar, les Callot, etc.
» A peu d'exceptions près, on rencontre les eaux-fortes anciennes sans
» marges. Sur ce point, nous n'imitons pas nos pères. Nous jugeons qu'une
» marge, non pas extravagante, mais proportionnée au champ de la surface
» gravée, lui fait comme ce lavis neutre que l'on passe autour des aquarelles
» montées, et que cette bande sert de repos à l'œil avant d'arriver au ton
» du papier blanc sur lequel devra être montée la « belle épreuve ». Avons-
» nous raison?

» Il faut aussi que la belle épreuve se présente dans tous ses avantages
» sur un papier de support. Là encore nous rompons avec la tradition qui
» collait par leurs bords les épreuves sur la surface d'une feuille de papier
» très solide. Pour nous, l'épreuve doit être non fixée, si ce n'est par un
» des côtés....

» Resterait encore la question des cartons,... mais elle entraînerait la
» question des meubles qui doivent les renfermer,.... puis celle-ci, la
» question des X ou des tables pour les poser et les ouvrir,... enfin vien-
» drait la question des gens, en compagnie de qui tel maître semble plus
» sympathique, telle œuvre plus complète, telle épreuve plus lumineuse,
» telles tailles plus nourries, ou qui au contraire vous irritent, vous glacent
» et vous découragent par leurs remarques ou leurs préventions. Mais ce
» sont là des questions capricieuses et non obscures, honnêtes et non
» cafardes. Tel, l'oracle de la dive bouteille : *Trinque, trinque, ami!* c'est-
» à-dire, va droit à ce qui te plaît, et la science t'étant venue en bonne
» compagnie, tu brûleras bientôt pour « la Belle Épreuve »! La Belle
» Épreuve, c'est le dernier mot de la sagesse. » (PH. BURTY : *Maîtres et petits Maîtres*, 2e série.)

2. CHAUMIÈRE NORMANDE; in-12 en l. (L. 13 c. H. 7 $\frac{1}{2}$).

La chaumière est sur le bord d'une rivière qui occupe la gauche de la planche, et que bordent de grands arbres. Devant la porte est attaché un cheval. A droite, un paysan se dirige vers deux personnages, l'un assis et l'autre couché sur l'herbe. Au premier plan, un coq et des poules.

1er état. Avant le ciel, très rare.

Petite eau-forte exquise, — à la juger par l'épreuve d'essai qui est au Cabinet des Estampes.

3. Une Vanne; in-8 en largeur (L. 16 cent. H. 8 $\frac{1}{2}$).

Une rivière occupe toute la largeur de la planche. A droite, les toits d'une chaumière dominés par de grands arbres. A gauche, deux petits personnages dont l'un est assis. Au fond, se dirigeant vers la droite, un troupeau de vaches.

4. Un Moulin à Aumale. (L. 20 cent. H. 7).

A gauche, une rivière où barbottent des canards; des vaches y boivent et deux arbres s'y reflètent. A droite, le moulin et un groupe de quatre chaumières. Au milieu, deux petits personnages assis dans l'herbe.

Une seule épreuve, qui appartient à M. Cabat. (Elle m'est signalée par M. Giacomelli.)

CADART. Sa signature se lit au bas d'une *Vue de la Chambre des Députés*, dans sa publication de la *Société des Aquafortistes*. Cette publication, entreprise en 1863, interrompue cinq ans après, puis remplacée par *l'Illustration nouvelle*, a rendu service en vulgarisant le goût de l'eau-forte; par contre, elle a donné l'idée de graver, pour notre malheur, à nombre de gens sans aucun talent: finalement l'entreprise échoua, malgré l'incroyable activité de Cadart. Les tirages, trop multipliés, laissaient souvent à désirer, et le choix des eaux-fortes n'était pas toujours fait avec discernement:

on était débordé par les pièces sans valeur, notamment par les essais de paysage [1].

Mais tout compte fait, nous regrettons Cadart. D'abord pour les graveurs, leur art est trop dépendant et a trop besoin de l'intermédiaire de l'éditeur pour que le coup n'ait pas été sensible à plus d'un. Les débouchés sont trop peu nombreux: qu'un éditeur disparaisse, qu'une publication d'art se laisse envahir par la photogravure, l'événement prend les proportions d'un désastre.

---

(1) Le paysage de fabrication courante, c'est la plaie de la gravure à l'eau-forte, et ce serait, si l'on n'y mettait ordre, celle des collections d'estampes. Il faut bien le dire, le paysage est un genre secondaire et neutre, à la portée de toutes les intelligences : il s'apprend en quinze jours. Celui qui s'y applique exclusivement est impropre aux services les plus élémentaires qu'on puisse attendre des arts. Demandez au paysagiste un éventail, ou même une simple adresse, une carte : fatalement il vous servira le gribouillis qu'il appelle une *impression de nature*.

On va nous répliquer par le *Paysage aux trois arbres* de Rembrandt ou par le *Bouvier* de Claude Lorrain, citer Corot, Rousseau, Jules Dupré. Et qui songe à contester les grands maîtres? Mais quelle comparaison peut-on faire entre des œuvres de premier ordre et des griffonnis sans portée? Quand on fait du paysage il faut y être transcendant, ou ne point s'en mêler.

La gravure à l'eau-forte, avec le hasard des morsures, les érosions imprévues de l'acide sur la planche, les tours de main d'imprimeur qui permettent de mettre un effet sur le cuivre même s'il ne porte aucune gravure, favorise singulièrement les excès du *paysagisme*. L'eau-forte est comme le piano, tout le monde peut en jouer, depuis Beethoven composant des sonates jusqu'à l'enfant qui tapote *Au clair de la lune* avec un doigt. Et l'on nous en a tapoté, des paysages! En avons-nous assez subi, de ces « chemins creux », de ces « lisières de bois », de ces « matinées d'octobre », de ces « bords de rivières » ! Et la forêt de Fontainebleau donc, nous l'a-t-on assez servie par petites tranches! Et les croquis d'un vague tel qu'il est presque impossible de les décrire, désespoir du catalographe! Ce sont ces non-valeurs qui provoquent l'exaspération des peintres d'histoire et de genre quand ils s'écrient : le paysage, c'est bon à mettre derrière les figures, et voilà tout!

Pour les amateurs, il y a toujours quelque chose à glaner dans une publication même imparfaite; tandis que lorsqu'on ne publie plus rien.... (1)

---

(1) Ne quittons pas Cadart sans rappeler les fameuses préfaces qu'il mettait en tête des volumes de la Société des Aquafortistes.

La première, celle de 1863, fut demandée à Théophile Gautier, qui emboucha aussitôt la trompette pour sonner une fanfare de bravoure dans le goût romantique le plus décidé. Il faut en conserver soigneusement les passages les plus brillants, les plus enflammés :

« Nul moyen n'est plus simple, plus direct, plus personnel que l'eau-forte.
» Mais pour y réussir il faut une décision de main, une sûreté de trait, une
» prescience de l'effet que ne possèdent pas toujours les talents honnêtes et
» soigneux : elle ne souffre pas les tâtonnements, mais ne trahit jamais
» la naïveté ou l'esprit, elle comprend à demi-mot ; il lui suffit de quelques
» brusques hachures pour entendre et exprimer votre secret.
» Avec ses ressources en apparence si bornées, elle a su fournir à Rem-
» brandt les lumières tremblottantes, les pénombres mystérieuses et les
» noirs profonds dont il avait besoin pour ses philosophes et ses alchimistes.
» Sa palette, si riche pourtant, ne lui a pas donné une gamme d'effets plus
» étendue. Salvator Rosa a égratigné le vernis du bout de son poignard et
» y a dessiné avec sa crânerie caractéristique des brigands et des soldats.
» Jacques Callot a fait mordre par l'acide tout ce monde de bohémiens, de
» vagabonds et de masques. Piranèse lui a fait exprimer les étonnantes
» hallucinations architecturales où le monument prend l'aspect du cauche-
» mar.... Goya retrace les éventrements du cirque.
» Celui-ci raie brutalement son cuivre à coups de sabre et se contente de
» quelques traits rudes et sommaires, n'écrivant sa pensée que pour les yeux
» qui savent lire ; celui-là pousse à l'effet, recroise ses hachures, accumule
» ses travaux ; cet autre cherche l'aspect blond ; un quatrième risque les
» brusques oppositions de noir et de blanc : il n'importe, tout est bien qui
» signifie quelque chose et qui montre dans un coin la griffe du lion.... »

Etc., etc. Tara, tara, tantara!...

Que dites-vous, s'il vous plaît, de Salvator Rosa *égratignant le vernis du bout de son poignard*? Tête et sang! est-ce assez romantique? C'est bien de ce même Gautier qui avait déjà écrit ailleurs : « Il vaut mieux la » *rayure d'un ongle de lion* sur le vernis noir d'une planche qu'un travail » insignifiant et précieux, qu'une de ces moires sur acier où brille seule la » patience du graveur. »

Poignard et ongle de lion ne sont peut-être pas d'une technicité parfaite;

CALAMATTA (Luigi), né en 1801 à Civita-Vecchia, apprit la gravure à Rome : ses maîtres, reconnaissant en lui des dispositions exception-

---

et qu'importe? Que cet enthousiasme, vrai ou de commande, est donc passionné, communicatif et excitant!

L'année suivante, en 1864, oh! ce fut une autre affaire. Cadart eut l'idée de s'adresser à Jules Janin. Celui-ci n'y entendait rien, comme on va le voir. Il n'importe, le prince de la critique se mit à tourner la manivelle de sa machine à fabriquer des préfaces, et la machine parla gravure sur le ton prophétique, avec une imperturbable candeur. Ce fut le triomphe du coq-à-l'âne :

« Ces aqua-fortistes vous représentent une très honorable réunion de » jeunes artistes ..... Ils ont résolu de conjurer de toutes leurs forces la » photographie envahissante..... Fils généreux de la gravure expirante, » ils ont dressé leur autel de marbre et de bronze contre ces futiles autels de » gazon, ils ont opposé le burin (*sic*) qui grave sur le cuivre et l'acier des » œuvres impérissables au collodion qu'un souffle emporte..... Aussitôt » qu'ils se sont réunis ils ont porté victorieux le drapeau de l'eau-forte..... » Alors les fanatiques de la photographie ont salué la gravure..... C'est » beau le hasard, c'est plus beau la vérité servie par de vrais artistes..... » Voilà comment, en deux ans, nous avons eu, nous autres les amis de » l'eau-forte et du burin (*sic*), tant de belles œuvres alertes..... L'eau-forte » est aussi prompte que la photographie...... elle va de la Nature à l'His- » toire.... de la mode passagère à la chose éternelle..... d'un coup de la » pointe inspirée de Chifflart ou de Chaplin elle effleure l'épopée ou l'idylle, » touche discrètement à l'allégorie philosophique par la main de Puvis de » Chavanne, de Jacquemart ou de Bracquemond, sourit à la satire joyeuse » et sans amertume, telle que nous la montrent Daumier, Stop, Cham et » Gavarni...... »

Est-ce assez complet! Ces aquafortistes qui opposent le burin au collodion, cette gravure expirante dont les fils dressent des autels de bronze contre des autels de gazon, ce Bracquemond philosophe, ce Daumier aquafortiste joyeux et sans amertume, etc.? Mais le plus beau, c'est le cri : *Nous autres, les amis de l'eau-forte et du burin*; il est splendide, placé là.

En 1865 ce fut le tour de Thoré (Bürger), qui se maintint dans le ton et nous apprit qu'en improvisant, Mirabeau *faisait de l'eau-forte sans le savoir!*

Les années suivantes, les préfaces mollirent.

nelles, l'engagèrent à aller poursuivre sa carrière à Paris.

Les articles biographiques nous disent que dès son arrivée en France, Calamatta « se rangea sous la bannière artistique de M. Ingres », ce qui ne nous fait point savoir le nom du graveur à qui il demanda de le perfectionner. Ce fut Taurel.

Calamatta débuta au Salon de 1827 par *Bajazet et le Berger*, d'après Dedreux-Dorcy.

Le masque de *Napoléon*, de face, d'après le moulage du docteur Antomarchi, œuvre d'un grand caractère, publiée en 1834, popularisa le nom du graveur ; trois ans après, sa grande planche du *Vœu de Louis XIII*, d'après Ingres, consacra définitivement sa réputation. Cette estampe a toujours été louée avec une unanimité que n'a pas obtenue plus tard la *Joconde*. Elle est restée la pièce la plus considérable de l'œuvre de Calamatta et l'un des morceaux indiscutés de la gravure moderne.

Calamatta a gravé, toujours dans sa manière austère et mélancolique, les portraits de *Guizot* d'après Paul Delaroche, du *Comte Molé* d'après Ingres (cette superbe planche est, à notre avis, son chef-d'œuvre), du *Duc d'Orléans* d'après le même ; la *Françoise de Rimini* d'Ary Scheffer ; le portrait de la *Princesse Mathilde* ; ceux de *Lamennais* et de *George Sand*, d'après nature ; un autre portrait de *George Sand*, en habit d'homme, traité avec prédilection ; *la Source*, d'Ingres, etc., toutes planches universellement connues. On lui doit aussi plusieurs portraits en fac-simile d'après les crayons d'Ingres. Sans être autrement difficiles à exécuter, et bien que le fin de l'art ne soit pas le fac-simile, (car alors il faudrait mettre Demarteau au dessus de Marc-Antoine), ces reproductions littérales n'en font pas moins une grande impression sur le public ; appliquées à des portraits d'Ingres, elles prennent d'ailleurs un intérêt tout particulier. Le *Paganini* restera comme le modèle du genre.

Calamatta a été l'un des heureux du monde de la gravure, ce monde où d'ordinaire la carrière est si difficile et si ingrate : rien ne lui a manqué en fait de succès et d'honneurs. Accueil sympathique de la France, patronage d'Ingres, réputation considérable et immédiate ; toutes les médailles et récompenses officielles, il va sans dire ; la croix en 1837, la croix d'officier à l'occasion de l'Exposition universelle de 1855 pour laquelle il a gravé le *Diplôme de médaille d'honneur* (1) ; je passe les ordres étrangers. Correspondant de l'Institut en 1848. Dès 1837 la Belgique se l'était attaché comme professeur de gravure à l'école des Beaux-

(1) Le diplôme de l'exposition de 1855, dessiné par Ingres, était gravé par Calamatta. Celui de l'exposition de 1878, dessiné par Baudry, fut une fade photogravure. Voilà qui marque bien que nous sommes dans une « époque de progrès ».

Arts de Bruxelles : il passait chaque année six mois dans cette ville où il a formé de nombreux élèves, Flameng, Desvachez, qui nous a donné un beau portrait de Calamatta d'après Ingres [1], Biot, etc., et même Charles Blanc.

Il retourna en Italie en 1861. Patriote ardent, il s'engagea comme volontaire pendant les événements de 1866 ; il existe de lui un petit portrait qui le représente dans le costume de garibaldien. Il mourut à Milan en 1869. Des obsèques solennelles lui furent faites, et tout récemment (août 1885) son corps vient d'être transféré à Civita-Vecchia dans un monument élevé par souscription.

Dresser son catalogue est difficile, faute d'avoir sous les yeux son œuvre complet. On cite une collection de toutes ses planches existant en Italie, et d'après laquelle il a été publié une liste de quatre-vingt-une pièces [2]. Le nom de Calamatta figure sur plusieurs estampes associé à celui d'autres graveurs, généralement ses élèves ; plusieurs planches aussi portent un simple *direxit*. L'œuvre du graveur ne gagne point à être ainsi étendu. Il convient de le déblayer résolument

(1) Un autre bon portrait de Calamatta a été lithographié d'après nature par Baugniet en 1837.

(2) *Notice sur Louis Calamatta, associé de l'Académie* (de Bruxelles), par Louis Alvin. Plaquette, avec un portrait de Calamatta gravé par Demannez, son élève.

pour lui conserver sa valeur en le ramenant à un moindre nombre de planches, qui doivent nécessairement être recueillies par les collectionneurs d'estampes, et qui font de Calamatta, dans toute la force du terme, un éminent buriniste. (1)

1. Bajazet et le Berger, d'après Dedreux-Dorcy, 1827.

2. LE VŒU DE LOUIS XIII, d'après Ingres, grand in-fol. 1837.

En dehors des épreuves d'essai, inachevées, il y a un premier état portant, pour toute lettre, le titre inscrit au pointillé. (Vendu 45 francs, 1884.)

Il serait superflu de reproduire ici les éloges décernés à cette planche admirable, qui désarma la critique.

Nous préférons donner une appréciation inédite sur Calamatta, empruntée à une lettre que nous écrivait Léopold Flameng.

« ..... Dieu me garde de vous donner une appréciation » complète de l'œuvre de Calamatta. Mon pauvre maître » en ferait un bond dans sa tombe et viendrait en mon » sommeil me tirer les oreilles. Se peut-il qu'un graveur à

(1) Buriniste, aquafortiste, gravure, eau-forte : termes qui ne sont pas aussi simples à définir qu'ils le paraissent, et qui ne laissent pas d'embarrasser même les hommes du métier.

Si la gravure s'exécutait, ou bien uniquement par les tailles du burin (comme un portrait de Goltzius), ou bien uniquement par la morsure de l'acide (comme un portrait de la main de Van Dyck), il n'y aurait point de difficulté.

Mais la plupart des graveurs emploient simultanément les deux procédés; les burinistes se servent de l'eau-forte, les aquafortistes se servent du burin : on peut même dire sans paradoxe qu'il y a des *gravures* qui sont presque entièrement exécutées à l'eau-forte, et des *eaux-fortes* où domine le travail du burin.

Prenez un buriniste et un graveur à l'eau-forte, donnez-leur le même sujet à reproduire : tous deux vont l'attaquer à l'eau-forte et le terminer au burin;

» l'eau-forte se permette de porter un jugement sur les
» travaux d'un disciple du grand art, sur le continuateur
» des hautes et nobles traditions !....

---

et cependant après ces opérations identiques le premier vous présentera une *gravure*, le second une *eau-forte*.

La différence consiste, non dans la nature des instruments mis en œuvre, mais *dans la manière dont les tailles sont conduites*.

Aujourd'hui le terme *gravure au burin* est généralement employé pour désigner la gravure exécutée *en tailles rangées* ; le terme *gravure à l'eau-forte* pour désigner la gravure *libre de toute formule*. La première est faite suivant des méthodes et des règles rigoureuses, la seconde suivant l'inspiration personnelle.

Ceci posé, dans la gravure à l'eau-forte on distingue encore plusieurs genres.

L'appellation *eau-forte de peintre*, *eau-forte originale*, désigne aujourd'hui ce qu'on appelait autrefois simplement *eau-forte*. Exemples : les eaux-fortes de Rembrandt, de Fragonard, de Meissonier.

L'appellation *eau-forte de graveur* désigne une eau-forte particulière : l'eau-forte dont les tailles sont rangées de façon à ce que la planche soit ultérieurement terminée au burin ; c'est la préparation d'une *gravure*. Les estampes de l'école française du XVIIIe siècle, les célèbres vignettes de Cochin, Moreau, Choffard et autres, les portraits d'Augustin de Saint-Aubin et de Gaucher sont des eaux-fortes reprises au moyen d'un léger travail de burin. Bien souvent, celui qui terminait au burin était un graveur différent de celui qui avait fait l'eau-forte. Il se contentait de mettre un glacis de tailles de burin sur la brillante eau-forte qu'on lui livrait toute faite. Comme les travaux des vignettes et des estampes dont nous parlons sont conduits en tailles rangées, ces pièces, bien que faites presque entièrement à l'eau-forte, comptent parmi les gravures au burin. Il en est de même, pour citer un exemple moderne, de la célèbre gravure de *l'Hémicycle* : c'est un burin, fait presque entièrement à l'eau-forte, et sa préparation est une eau-forte de graveur.

Enfin les mots *eau-forte*, *gravure à l'eau-forte*, qui ne désignent ni l'eau-forte de peintre, ni la préparation à l'eau-forte du graveur, caractérisent, comme nous l'avons dit plus haut, les reproductions exécutées en travaux absolument libres. Exemples : *le Christ devant Pilate* ou *la Ronde de nuit* de Waltner, le *David* de Bracquemond, les vignettes de Boilvin, Hédouin, Lalauze, etc. Ces gravures à l'eau-forte ont plusieurs états : *l'eau-forte d'une gravure à l'eau-forte* est le premier état tel qu'il est sorti de la morsure de l'acide, avant toute reprise ou remorsure. Les catalogues de vente l'appellent du nom alléchant d'*eau-forte pure*.

» Calamatta emporta avec lui les nobles formules de
» notre art, le haut style. Il fut le dernier graveur pouvant
» s'attaquer aux plus grands maîtres, à Raphaël, à Ingres.

Toutes ces définitions sont simplement empiriques.

Dernière réflexion : quand vous parlez à un graveur à l'eau-forte ou à un peintre-graveur, ne l'appelez pas *aquafortiste* : il vous répondrait que ce mot est répugnant (*sic*) et ne devrait jamais être appliqué que pour désigner ceux qui abîment du cuivre pour se donner un air artiste. Il ajouterait d'ailleurs que ce nom désigne les membres d'une société particulière, qu'il est leur propriété et ne devrait être appliqué qu'à eux seuls.

Car on est incisif dans le monde de la gravure ; et l'on sait se défendre, et même attaquer, avec bec et ongles.

On y est divisé en deux camps : les graveurs au burin, les graveurs à l'eau-forte, aussi ennemis, aussi ardents, aussi acharnés, aussi irréconciliables qu'ont jamais pu l'être les bleus et les verts, les réalistes et les nominaux, les painmollistes et les antipainmollistes, le coin de la Reine et le coin du Roi, les classiques et les romantiques, les dessinateurs et les coloristes.

On a pu saisir sur le vif cet antagonisme dans divers articles publiés en 1882 dans *l'Estampe*, journal que nous voudrions bien voir reparaître, car ces polémiques, ces duels en champ-clos le rendaient spécialement instructif, plus même, amusant.

L'eau-forte de peintre, l'eau-forte originale est bien entendu hors du débat : elle se réclame de noms trop illustres pour pouvoir être discutée, et d'ailleurs elle constitue un genre à part. La lutte est entre la gravure au burin et la gravure à l'eau-forte, entre la taille rangée et le travail libre.

Son origine remonte assez loin, au temps où l'eau-forte commençait à renaître ; à cette époque le burin tenait absolument la position, il avait l'importance d'un personnage officiel, et peut-être ne résistait pas à la tentation de brimer la nouvelle venue : il prenait une manière d'attitude cornélienne et semblait dire

...... l'Art est tout où je suis.

Mais, il faut l'avouer, ce fut l'eau-forte qui se montra bientôt agressive et violente. Se sentant appuyée par les artistes en général, surtout par les peintres, et par les jeunes, elle commença à crier : je suis la lumière ! je suis la couleur ! parla du burin sans respect, le considéra comme une rengaine académique, une routine de professeur, le traita de radoteur attardé et de vieux réactionnaire, et s'appuyant sur des exemples choisis avec malice, et malheureusement, probants, lui reprocha l'uniformité de ses formules, arrivées à un tel degré de précision qu'elles peuvent presque remplacer le talent de dessinateur, et d'une régularité si parfaite qu'elles donnent le

» Son travail, plus souple que celui de ses devanciers,
» est d'un beau grain : la symétrie de ses tailles ne préoc-
» cupe point les yeux comme chez Bervic et Taurel. La

même caractère, non seulement aux œuvres des différents burinistes, mais encore, dans l'œuvre du même buriniste, aux estampes exécutées d'après les maîtres les plus opposés. Elle railla la gravure académique de sa prétention à se donner comme la descendante de la gravure du XVIIe siècle; elle demanda en persifflant si les illustrations froides comme leur nom, des *aciers*, qui décorent les livres modernes, sont filles des vignettes brillantes et spirituelles du XVIIIe siècle; elle montra la formule toute faite finissant par amener la gravure aux estampes de keepsake. Puis, parlant d'elle-même et se montant la tête à se répéter toutes les expressions de la phraséologie actuelle : *contrastes colorés*, *opposition du blanc et du noir*, *observation vécue*, *sensation vibrante*, *intelligence des milieux*, *impression ressentie*, *compréhension intime*, *sentiment moderne*, *intensité*, *nature*, *la tache*, etc, se grisant de ses propres paroles, elle en vint à annoncer chaque matin l'extermination complète, la fin irrémissible du burin, et à chanter sur l'air de *la Périchole* :

L'eau-forte, l'eau-forte,
Il n'y a qu'ça !

Que devait faire le burin sous ce débordement d'attaques ? Mettre les poings sur les hanches, répondre sur le même ton et nous donner ainsi un pendant au duo de *la Fille de Madame Angot* ? Il préfère demeurer impassible : il a la dignité et le calme convenant à quelqu'un qui sort de l'École et qui va à l'Institut. Ce n'est que dans l'intimité qu'il laisse apercevoir son opinion, courte, hautaine, méprisante : l'eau-forte, ce n'est pas de la gravure, et ceux qui la font ne savent pas dessiner ! Tout ce bruit de paroles de l'eau-forte, ce cliquetis d'expressions à effet, n'a pour but, au dire du burin, que de faire prendre le change sur une ignorance parfaite du dessin et sur un manque complet d'éducation technique; l'eau-forte n'est qu'une fille qui se laisse tutoyer par tout le monde; avec elle point besoin de longs préliminaires, on l'aborde tout net; on fait appel aux roueries de l'imprimeur, et c'est ainsi que nous nous trouvons inondés de spécimens les moins recommandables, ni dessinés ni gravés, et qui tournent à l'absolue dégradation. A l'appui, le burin cite des exemples, toujours choisis avec malice, et, malheureusement encore, probants.

L'eau-forte ne se tient pas pour battue et continue à jeter ses fioles d'acide à la figure du burin. Pour elle, le dernier mot de l'exaspération et de l'ironie consiste à prononcer avec une emphase moqueuse le nom de « Monsieur le baron Desnoyers », et à se tordre de rire en déclarant qu'il a été décrété

» *taille militaire*, comme disait Charles Blanc, s'atténue
» chez lui pour laisser dominer les choses essentielles : la
» beauté des formes et le charme du modelé. Chez lui ce

grand graveur par l'Empereur, et que sa *Belle Jardinière* n'est qu'un préjugé bonapartiste.

Le burin n'a pas ces allures violentes; et l'on ne cite, je crois, qu'un seul buriniste éminent qui ait perdu patience : il est vrai qu'il était Italien, ce qui excuse cette chaleur d'emportement. Il discutait devant Ary Scheffer, et agacé des prétentions de l'aquafortisme alors renaissant, il manifesta son dédain pour ses procédés, et dans le vif de la colère, laissa échapper le mot de « Monsieur Rembrandt ». (Il s'attira même une algarade dont nous ne voulons que laisser deviner la crudité. Le peintre de *Mignon aspirant au ciel* s'écria : « *Vous faites bien de dire Monsieur Rembrandt, car en par-* » *lant d'un tel maître, des* ...... (ici un terme qui ne peut pas s'écrire) » *comme vous et moi doivent toujours être chapeau bas!* »)

Mais répétons-le, ce cas d'emportement est unique : le burin se borne à se défendre quand on l'attaque et à affirmer seulement sa haine du croquis, du lâché, du griffonnage et de l'impressionnisme.

Quant à l'iconophile, il fait la part des exagérations dans tous les sens : il se dit d'ailleurs que de cette lutte il résultera toujours quelque bien, les burinistes tendront au pittoresque, les graveurs à l'eau-forte à l'exécution soignée; il demeure donc réservé dans le débat, attendu que ce qu'il met dans ses cartons, ce sont des estampes et non des arguments. Il cueille avec soin ce qui est supérieur, dans tous les genres, car pour lui la variété d'exécution est un des charmes de la collection, et ce n'est pas un des moindres mérites d'une estampe, une fois placée dans un portefeuille, de ne pas être gravée comme celle qui la précède et comme celle qui la suit. Il ne s'effarouche point d'un contour fait d'un seul trait ou nerveusement égratigné par un travail sans régularité, ou d'un effet obtenu par l'opposition du blanc du papier et du noir de l'impression ; il aime la couleur et l'harmonie : mais il ne se croit pas obligé de conspuer une belle taille, fine, longue et pure, un modelé serré de très près, et comme on dit, « enveloppant la forme », un travail moelleux, et de repousser une estampe parce qu'elle aura été burinée avec beaucoup d'application et de soin et coûté beaucoup de temps.

Et voilà pourquoi les portefeuilles du collectionneur sont un terrain de conciliation où tous les genres viennent fraternellement se mêler : Waltner y alterne avec le baron Desnoyers; Devéria s'y tient côte à côte avec Gaillard; Bracquemond y donne la main à Henriquel; un Bertinot y succède à un Jacque, un Méryon à un Bonington, un Raffet à un Boilvin....

Qui est dans le vrai, je vous le demande?

» charme est grand, profond, d'une puissante morbidesse.
» Il dessinait à merveille, et suppléait au besoin à l'insuf-
» fisance de ses modèles. La *Françoise de Rimini*, si peu
» modelée en la peinture, devient sous la main de l'illustre
» graveur une œuvre accomplie, irréprochable. Il en fit une
» estampe exquise, — ce qui fâcha fortement Ary Scheffer.
» Voilà, cher et vénéré maître!, le sentiment de celui
» de vos élèves que vous aimiez..... le moins. Sortez
» maintenant de votre tombe, dites-moi comme autrefois:
» *Accidente!*. Oui, je me permets de soulever votre suaire,
» en disant : Voici l'auteur du *Vœu de Louis XIII*, de la
» plus belle estampe que je connaisse ; voici celui qu'il faut
» admirer : il sut donner à son burin le style et la grandeur,
» il éleva l'art de la gravure au burin à sa plus haute
» expression! Oui, *povero vecchio padrone*, vous fûtes un
» grand artiste, vous fûtes aussi un homme, un caractère,
» vous qui à l'âge du repos, à soixante-cinq ans, endossiez
» la chemise rouge et combattiez pour l'indépendance de
» l'Italie!....

» LÉOP. FLAMENG. »

Rien de plus intéressant que cet éloge de Calamatta, d'une si chaleureuse sincérité, par un graveur qui est lui-même un maître.

Je demande, toutefois, à faire une réserve sur la question de savoir si Calamatta a été le dernier grand graveur.

Grand graveur, c'est incontestable. Mais le dernier, non. Heureusement pour l'Art, il n'y a pas de « dernier grand graveur ». Chaque grand graveur passe à son tour pour le « dernier grand graveur ». Bervic l'a été, puis Desnoyers, puis Calamatta. Actuellement, il y a, n'en doutez pas, quelqu'un qui sera plus tard le « dernier grand graveur ». Qui est-il? Cherchez. — Et après? — D'autres : soyez persuadés qu'en matière de grands graveurs, quand il n'y en aura plus, il y en aura encore.

3. La Innamorata di Giuliano di Medici, d'après Botticelli, grand in-8, 1838.

Premier état : avant la lettre, avec la signature *Inciso da me, L. Calamatta 1838.*

4. FRANÇOISE DE RIMINI, d'après Ary Scheffer, in-4 en largeur, 1843. (Dusacq éd.)

5. DIPLÔME de l'Exposition universelle de Paris, d'après Ingres, 1855.

6. JOCONDE, d'après Léonard de Vinci, 1857. (Dusacq éd.)

Une épreuve avant la lettre, 40 fr. 1885.

Particularité curieuse : la *Joconde* est la première planche à laquelle on ait tenté d'appliquer le procédé de l'*aciérage*. L'essai fut décisif; mais l'opération n'alla pas sans incidents. Nous avons entendu Bracquemond, qui y assistait, en raconter les dramatiques péripéties à Félix Buhot : nous avons noté ce récit.

« Le laboratoire des inventeurs MM. Garnier, lithographe, » et Salmon, médecin, était installé dans un appartement » de la rue des Noyers.

» C'était en 1857, moment de l'éclosion des procédés de » gravures *en relief*, c'est-à-dire qui s'impriment typogra- » phiquement comme la gravure sur bois : Gillot, avec sa » gravure qu'il avait baptisée du nom énorme de *panicono-* » *graphie*, (pour une estampe, être à la fois une *pani*, une » *cono*, et une *graphie*, quelle douceur !), tenait la corde ; » Comte avait ses adhérents ; deux allemands, Lippert et » Bert, venaient de publier un album de gravures en relief » par la *chalcotypie*; enfin Garnier et Salmon recherchaient » divers procédés de gravure, tant en creux qu'en relief. » Maunoury, avocat, depuis député, leur ami, s'intéressait » à leurs travaux.

» Un jour Maunoury m'annonça la trouvaille d'un moyen » permettant de couvrir d'acier les planches de cuivre, ce » qui devait rendre la taille-douce inusable ; car, disait-il, » si la couche d'acier dont nous couvrons le cuivre vient à » s'user, on pourra la remplacer par une autre.

» Je ne pus m'empêcher de demander si cet acier ne bou- » cherait pas les tailles, surtout les fines tailles de pointe » sèche, et ces morsures de l'eau-forte, parfois si légères » que seul le poli du cuivre est atteint sans que la planche » soit gravée ! Garnier sauta au plafond : « Boucher la taille, » mon procédé ! pour qui me prenez-vous ? Homme de peu » de foi, venez demain ! »

» Le lendemain, en entrant, on voyait sur la table un » grand cuivre gravé au burin ; la moindre taille brillait

» comme un éclair : c'était la *Joconde* que venait de terminer » Calamatta : l'apparition en était attendue comme un évé- » nement. Garnier, affairé, tournait autour de la table, » couvant le cuivre du regard et le palpant par intervalles.

» — Oui ! répondit Maunoury à ma mine questionnante, » nous allons essayer l'aciérage avec ça !

» Voir un morceau capital, reproduction d'un chef-d'œuvre » hors de pair, voir le fruit de dix années de travail d'un » grand artiste exposé au hasard d'une toute première expé- » rience industrielle ! On avait envie de crier au sacrilège !

» Garnier acheva ses préparatifs ; la *Joconde* disparut » dans le bain, inaugurant la cuve qui contenait la mixture » électrique.

» Une heure se passe, peut-être deux : la planche est » retirée, lavée, essuyée, caressée.... Elle est terne, mar- » brée de plaques brunes, les tailles se perdent dans des » irisations métalliques. La planche est-elle compromise ? » En tout cas, impossible de la montrer en pareil état à » l'éditeur, encore moins à son auteur. Très surexcité, » Garnier est muet ; le docteur semble chercher une expli- » cation sous son menton. Que faire ? dit Maunoury.

» Après chuchottement à l'oreille, ils prennent les dispo- » sitions suivantes : Maunoury, placé à côté de la victime, » et muni d'une brosse douce en crin, dirige les mouvements » de comparses armés de seaux et prêts à verser des torrents » d'eau. Salmon prononce des paroles sur le bain et y verse » une petite poudre. Garnier s'avance porteur d'une bouteille » étiquetée du terrible nom *acide sulfurique*.

» Un instant après le vitriol couvre toute la surface de la » planche ; rapidement, elle est inondée d'eau et Maunoury » brosse en conscience. La pellicule d'acier est partie, le » rouge du cuivre reparaît : on lave toujours, on sèche avec » de vieux chiffons bien propres ; les spectateurs clapotent » dans un lac en chambre ; tout le monde a la loupe à l'œil » et scrute anxieux l'état de la gravure. Rien ! Pas le » moindre accroc. Garnier la replonge dans le bain élec- » trique : on attend en respirant des bouffées d'inquiétude ; » Salmon regarde sa montre, il ne pourra décidément » retourner à Chartres qu'il habite ; Maunoury commence » des histoires qu'il ne peut pas finir ; Garnier est de plus » en plus nerveux. La planche est retirée du bain, la pellicule » d'acier qui la recouvre est pure et brillante.... Triomphe » complet ; dès le premier essai l'aciérage est acquis.

» Désormais la surface des cuivres gravés sera préservée » de l'usure, même dans les travaux de la plus exquise » délicatesse. Le tirage des gravures en taille-douce pourra » être illimité. L'eau-forte elle-même conservera indéfiniment » ses tons légers et argentins obtenus par de rapides mor- » sures d'acide, et ses noirs profonds, qui s'usaient et dispa- » raissaient après un nombre très limité d'épreuves..... »

7. OH ! (paysans ébahis), d'après Madou, in-fol. 1857. Gravé en collaboration avec Biot. (Goupil éd.)

Ce sujet comique détonne dans l'œuvre sévère de Calamatta ; il est vrai que la planche est exécutée en collaboration.

8. Tête d'étude symbolisant la rivière la Loire, d'après Orsel, in-4.

9. LA CENCI, d'après le Guide, in-4, 1857. (Goupil éd.)

10. LE CHRIST CHEZ MARTHE ET MARIE, d'après Lesueur, gravé par Taurel et Calamatta. (Chalcographie.)

11. LA VIERGE A LA CHAISE, d'après Raphaël, in-4 rond. (Dusacq éd.)

12. LA SOURCE, d'après Ingres, in-4.

En 1884 nous avons vu chez un marchand d'estampes une série d'épreuves d'essai de cette estampe, avant les derniers travaux, et en très belle condition. On les vendait 20 fr. l'une.

A ajouter à la liste ci-dessus :

Le Christ et saint Pierre sur les flots, d'après Cigoli. — La Vierge et l'Enfant Jésus, d'après Allori, 1816. — Sainte Fidèle, martyre, d'après Ingres, 1818. — Vignette pour la Confrérie de la Confirmation établie à Saint-Jean-de-Latran, 1818.— Ecce Homo, d'après le Guide, 1822.— Quatre bustes et quatre revers de médailles, 1825. — L'Épée d'Henri IV, 1831. — Allégorie de la Peinture.— Groupe de la procession du Corpus Domini. — Tête d'ange d'après Luini. — Soldat frappant à une porte, d'après Madou, 1852. (Pièces citées par M. Alvin.)

Guillaume de Montmorency, 1531, pour les *Galeries de Versailles.*

Rubens, pour le *Musée historique belge.*

L'Italie brisant ses fers, petite lithographie.— Deux têtes de Frisonnes, lithographiées pendant un voyage que Calamatta fit en Hollande vers 1831.

Léda gravée par Demannez, Calamatta direxit. (*L'Artiste.*)

Études d'après Raphaël, Calamatta direxit.

---

13. BOIMARD (Melle Camille), Ingres del. Calamatta sculp. 1831, in-4. Fac-simile de crayon.

14. Dussaussoy (?), buste petit in-4, à claire-voie.

15. FOURIER, en pied, d'après Gigoux, grand in-fol. 1846.

16. FRANCISCO DE ASIZ (mari de la reine Isabelle d'Espagne), d'après Madrazo.

17. GIANNONE POETA *1831, omaggio d'istima e amicizia*, in-4; eau-forte et fac-simile de crayon.

18. GUIZOT, d'après Paul Delaroche, petit in-fol. 1839.

La Bibliothèque nationale possède une série d'épreuves d'essai.

19. INGRES. *Ingres à ses élèves Rome 1835*, in-4; fac-simile de crayon.

20. Isabel secunda, reina de las Españas, d'après Madrazo, petit médaillon dans un encadrement surmonté d'une couronne, in-12, 1853.

21. LAMENNAIS. *Aloysius Calamatta ad vivum delineavit et sculpsit 1847*, petit in-fol.

C'est, je crois, la première planche dont il ait été fait des clichés galvanoplastiques. On en trouve, paraît-il, des épreuves singulières d'aspect, ou même partiellement venues, qui ont été tirées sur la planche alors que les tailles étaient en partie bouchées par le dépôt du métal du bain. Je tiens cette particularité de Léopold Flameng.

22. Le Gentil (Ch.), président de la Chambre de Commerce de Paris, etc., in-4, 1856.

23. Léopold, roi des Belges. *L. Calamatta incise à Paris 1836*. Gravé d'après un dessin de Georges Hayter fait en 1817; in-4.

24. MARCOTTE (L.-A. Duclos-), née le 16 octobre 1740. *Ingres à son ami Monsieur Marcotte 1825. Calamatta inc.* In-4, fac-simile de crayon.

25. MARCOTTE D'ARGENTEUIL. *Ingres delineavit 1828, à Madame Marcotte d'Argenteuil; inciso da Calamatta 1868*. Grand in-4, fac-simile de crayon.

26. MARCOTTE (Portrait de Madame Louise), née Béquet, 23 août 1851. *A mon digne ami Marcotte. Ingres del. Inciso da L. Calamatta 1868*. Grand in-4; fac-simile de crayon.

27. MARCOTTE-GENLIS. *Ingres del. 1852 à son ami M. Marcotte-Genlis*. Dans la marge : *L Calamatta incise*. Petit in-fol., fac-simile de crayon.

28. MARTIN. *Ingres à son ami Monsieur Martin 1825, L' Calamatta incise Parigi 1835*: in-4, fac-simile de crayon.

29. MARTINET (le Docteur), chef de clinique de la Faculté de médecine de Paris, à l'Hôtel-Dieu. *Ingres à son cher docteur et ami 1826; copié par Calamatta.* In-4; lithographie.

30. MATHILDE BONAPARTE (la Princesse), devenue princesse Demidoff; in-fol.

Très rare.

31. Mercuri (Paolo), *se stesso d. 1840. L. Calamatta al suo amico L. Mercurj 1860.* In-8.

32. MOLÉ (le Comte), d'après Ingres, petit in-fol. 1840. (Rittner et Goupil éd.)

Dans la réserve du Cabinet des Estampes est une magnifique épreuve avant la lettre de ce portrait, d'autant plus belle qu'elle est restée claire, tandis que d'habitude, les planches de Calamatta sont poussées au sombre.

33. NAPOLEONE; masque de Napoléon vu de face, couronné de laurier, à son cou le grand cordon de la Légion d'honneur; *L. Calamatta disigno e incise Parigi*, 1834. In-4.

Dans les épreuves postérieures, la signature ci-dessus est effacée et remplacée par la légende *Dessiné et gravé d'après le plâtre original moulé à Ste-Hélène par le docteur Antomarchi.*

34. NAPOLEONE. *Sainte-Hélène 5 mai 1821. Paris 15 décembre 1840. Disignato e incise da L. Calamatta.* Masque de Napoléon, de profil. In-4. (Goupil et Vibert éd.)

35. ORLÉANS (S. A. R. Mgr. le duc d'), prince royal, d'après Ingres, 1842; in-4, burin et facsimile de crayon. (Goupil et Vibert éd.)

Indépendamment des essais, il y a un état avant toute

lettre, puis un autre avec les noms des artistes gravés, mais sans le nom du personnage.

36. ORLÉANS (Ferdinand-Philippe, duc d'), prince royal; peint par Ingres, dessiné et gravé par Calamatta 1845. In-fol. (43 cent. sur 33), burin.

37. PAGANINI. *Ingres del Roma 1818.* In-4; facsimile de crayon.

1. Avant toute lettre. — 2. Signé. — 3. Avec le nom de Paganini sur la marge inférieure. — 4. Avec l'adresse de Rittner, etc.

38. Raoul Rochette; peint par J. Calamatta née R. R. 1843. In-4, 1853, gravure à la manière noire.

Mme Calamatta, née Raoul Rochette, fut une artiste distinguée. La fille de Calamatta a épousé M. Maurice Sand.

39. Raoul Rochette, médaillon d'après David d'Angers (cité par M. Alvin).

40. SAND (George), en habit d'homme, petit portrait in-8 carré, 1836.

1. Sans aucune lettre. — 2. Signé *Disignato et incise da me Calamatta.* — 3. Avec le nom du personnage.

41. SAND (George). *L. Calamatta ad vivum delineavit et sculpsit.* Paris 1840, petit in-fol. (Rittner et Goupil éd.)

42. Thévenin, membre de l'Institut, conservateur du Cabinet des Estampes, *Calamatta 1831.* Profil à claire-voie, in-12.

On peut ajouter encore :

Chéron, de la Comédie-Française; Mlle Levert; petits portraits pour la collection Dabo, publiée vers 1825. Ces deux pièces, sans portée d'ailleurs, furent les débuts de Calamatta à Paris.

Un très petit Christophe Colomb ; un Galilée.

Cavour, Mazzini, Victor-Emmanuel.

CALAME, né à Vevay vers 1815. — L'illustrateur des *Voyages en zigzag* de Toppfer (Paris, Dubochet, 1844), le célèbre peintre suisse dont les modèles de paysages lithographiés ont eu longtemps, pour ainsi dire, force de loi, a gravé des suites d'eaux-fortes : *Vues de Lauterbrunn et de Meiringen* ; — *Paysages des Alpes.* Elles paraissent un peu primitives d'exécution, à côté de ce qui a été fait depuis en eau-forte.

CAMINADE (Alexandre-François), peintre, né en 1783, élève de David. — *Gouvion Saint-Cyr*, lithographié par Caminade d'après Horace Vernet.

CANON, né en 1809, élève de Charlet, a lithographié. C'est tout ce que nous en voulons dire.

CANU, né en 1768, graveur infime quoique élève de De Launay ; a publié, en 1816, des uniformes militaires.

CARAN D'ACHE, (de son vrai nom EMMANUEL **POIRÉ**), jeune dessinateur né à Moscou de parents français ; dessine avec talent, pour *la Caricature* (1), des types et costumes militaires, légèrement accentués en charge, qui sont, avec les parisiennes de Robida, le *clou* du journal.

Ses cavaliers sont remarquablement mis à cheval.

Il a donné plusieurs séries sur les armées étrangères, très réussies. Rien de plus typique, notamment, que les Prussiens de Caran d'Ache; si l'on ne devait pas m'accuser de dire une énormité, j'avouerais qu'à travers l'exagération de la charge, ils me paraissent plus *nature* que ceux de notre regretté de Neuville, en ce sens que celui-ci, qui était porté à voir beau, les représentait toujours sur un modèle extra-robuste et les poussait à l'épique, ou si l'on veut, au croquemitaine. Caran d'Ache restitue leur côté lunettes, casquettes et « rouflaquettes » avec une liberté de moquerie bien française et une sincérité crâne.

(1) Journal hebdomadaire paraissant depuis 1880. Les illustrations sont faites au moyen du dessin sur papier autographique.

Caran d'Ache avait d'abord donné quelques dessins à *la Vie militaire*, feuille hebdomadaire qui n'a vécu que l'espace de quelques numéros.

Il vient d'illustrer une *Histoire de Marlborough* (Jules Lévy, éd.) qui est un petit livre d'étrennes. Mais ici, outre qu'au point de vue français le choix du héros est étrange, on ne retrouve pas dans le dessin la fermeté de trait habituelle à Caran d'Ache.

CARBONNEAU, a gravé des bois pour l'*Histoire des Peintres*, etc., etc.

CAREY (Charles), graveur au burin contemporain.

La Guerre, d'après Decamps.
Les Illusions perdues, d'après Gleyre.
L'Audience, d'après Meissonier.
Mercredi des Cendres, d'après Stevens.
La Perle et la Vague, d'après Baudry.
Convoi funèbre, d'après Knaus.
Deux *Paysages*.
Toutes pièces de petit format.

CARJAT, photographe et dessinateur.

Portraits-charges lithographiés.— *Le Théâtre à la ville*, suite de charges d'acteurs.

CAROLUS DURAN, peintre contemporain.

Site en Norwège, eau-forte (Cadart).
Croquis à la campagne, eau-forte (Cadart).
Le chanteur *Duprez*, lithographie.

CARON (Adolphe), né en 1797, élève de Bervic. Buriniste habile; il gravait clair.

1. Copies de portraits d'après Nanteuil.

2. Adorante, Vénus pudique, Amazone blessée, d'après l'antique.

3. Petites reproductions d'après l'antique, pour le fameux *Plutarque* dit *de Dubois*.

Ce *Plutarque* est demeuré une des chutes les plus tristes dont l'histoire de la bibliophilie fasse mention. Mais aussi, jamais le *coup de la souscription* n'avait été monté sur une telle dimension. Un *Plutarque* en vingt-huit volumes grand in-4 ! Commencé en 1830, l'ouvrage n'était pas terminé en 1842, et déjà, nous apprend Brunet, les souscripteurs avaient payé *neuf mille francs*, et il restait à paraître douze vies qu'on estimait devoir coûter *quatre mille francs*.... Vous devinez ce qui est arrivé, ce bloc de 27 volumes in-4, cette *moles indigesta*, tomba à vil prix. Que dis-je ! Pas même. On n'en veut sous aucun prétexte !

Oh, les souscriptions ! les souscriptions !

4. Cyparisse, d'après Vinchon, in-fol. 1825.

5. Le Duc d'Angoulême, planche inédite pour le *Sacre de Charles X*.

6. Petits portraits du Comte de Chambord, de Mme Cottin, de l'Impératrice Joséphine.

7. LES ENFANTS DU DUC D'ORLÉANS, d'après Cosway.

8. MARGUERITE APERCEVANT FAUST POUR LA PREMIÈRE FOIS, d'après Ary Scheffer; in-fol.

9. Le Christ au jardin des Oliviers, d'après Ary Scheffer.

10. Aciers pour le *Discours sur l'Histoire universelle*, édition Curmer; etc., etc. (1)

(1) Un artiste du nom de Jules Caron a gravé le portrait de *Casimir Périer* dans le *Livre des Orateurs* de Timon, etc. Il y a aussi un graveur nommé Charles Caron.

CARON (Toussaint), né à Paris en 1790. Le Blanc le donne comme élève de Lignon.

1. La Famille malheureuse, d'après Prud'hon ; in-fol.

2. Le Lévite d'Éphraïm, d'après Couder ; in-fol.

Estampe dans le plus pur goût Restauration. Pour les figures, le losange. Pour les fonds, les arbres et les terrains, un gros travail vermiculé spécial à cette époque, et singulièrement agaçant ; est-il permis de se donner du mal pour faire quelque chose de si laid !

Il y avait généralement un préparateur spécial pour graver ainsi ces terrains et ces arbres ; il livrait la planche au buriniste avec de grands trous blancs à la place des figures, que le graveur des fonds ne se permettait pas d'entamer.

Il y avait aussi, quelquefois, un troisième graveur pour les ciels.

Cette manière de se partager la besogne fait penser au fameux principe de la *division du travail*, qui sert de base à la fabrication du vêtement confectionné moderne.

3. Dupin aîné, d'après Couder ; in-8.

CARPEAUX, 1827-1875, sculpteur. Voici la description de deux eaux-fortes de lui, qui se trouvent dans la collection Giacomelli. Ce sont des croquis, très vigoureux, et fort curieux.

1-2. Bacchanales d'enfants, 2 p. de même dimension. (Aux témoins, 14 cent. ½ de large sur 11 de haut.)

1. A gauche, un premier groupe de deux enfants, et sous leurs pieds l'indication d'une coupe et d'un tambour de basque. Plus au milieu, un autre groupe de trois enfants tirant un petit chariot dans lequel est un faunin (?). Quatre autres enfants sont derrière le chariot et le poussent.

La partie gravée de la planche n'a guère que 12 cent. de large sur 5 de haut.

2. Un petit faunin monté sur un âne qui a la tête tournée vers la gauche de la planche. Indication de six autres enfants, dont deux à gauche font le geste de tirer l'âne par le licou, un autre se roule à terre pour le retenir, le quatrième debout pousse l'âne, le cinquième le retient par la queue, le dernier fait le geste de lever un bâton.

Dimension à la partie gravée, 11 cent. de large sur 7 de haut.

CASSAGNE, dessinateur-lithographe.—*Études pittoresques de la France* (Vues d'Auvergne).

CASTAN, graveur contemporain.

1. Le Départ pour l'armée; le Départ pour la ville, d'après Fortin. — Michel-Ange, d'après Cabanel. — Baiser maternel, d'après Toulmouche.
2. Portrait de Drolling (?), coiffé d'un bonnet grec, d'après Biennoury, 1832.

CASTELLI. — Affiches.

CATTELAIN (Philippe-Auguste), graveur à l'eau-forte, né à Paris le 6 février 1838.

Voici, par exception, une existence de graveur singulièrement accidentée. C'est plus qu'un roman.

Philippe Cattelain, fils d'un employé au palais des Tuileries sous Louis-Philippe, perd tout jeune ses parents et reste sans ressources. Une brave femme a pitié de l'orphelin, et bien que mère de sept enfants, n'hésite pas à se charger de ce huitième : les pauvres ont de ces charités. Le petit Cattelain dessine, il prend quelques leçons de Paul Girardet, mais il est obligé d'abandonner à quatorze ans le métier de graveur qui ne peut le nourrir. Pour gagner son pain quotidien il fait de tout : tour à tour imprimeur en taille-douce, peintre en bâtiments, charretier, déménageur, comédien, décapité parlant, cordonnier, etc. En 1859, il devance l'appel : soldat, c'est la gamelle et le gîte assurés tous les jours. Il veut aussi voir du pays et s'engage spécialement pour faire la campagne d'Italie ; en conséquence de quoi on l'envoie, premièrement au Havre, deuxièmement à Givet, où il reste.

Il quitte l'armée comme sergent, et se replonge avec joie dans la gravure. Mais les éditeurs lui ferment leur porte : il accepte d'être homme d'équipe au Chemin de fer du Nord. Puis il travaille à des caricatures avec Gill, son ami intime, et collabore au *Hanneton*, où se voit pour la première fois sa signature. Arrive 1870. Il s'engage comme franc-tireur. Sa campagne n'est pas heureuse ; atteint de la variole, il rentre à Paris. « Pour un graveur, — dit-il, — c'est moi qui fus assez tristement gravé. »

Le 16 mars 1871, Cattelain, toujours à la recherche d'un gagne-pain quelconque, rencontre sur le boulevard un officier de son ancien régiment. Il lui demande à se rengager avec son ancien grade de sergent. — Venez me trouver demain à l'appel de onze heures, répond l'officier, ce sera fait. Ce jour-là, le 17, il se trouve que ce n'est pas cet officier qui assiste à l'appel. — Je reviendrai demain, se dit notre graveur.

Ce *je reviendrai demain* n'a l'air de rien; par le fait, ce fut l'αναγκη de la vie de Cattelain.

Le lendemain, c'est le 18 mars. Cattelain, habitant Montmartre, entend battre la générale. Il met en toute hâte son uniforme de franc-tireur, prend son fusil; il arrive près des canons. Si on lui eût donné la veille un pantalon et un képi rouges, il se fût précipité pour reconquérir ces fameux canons : mais il a une casquette noire, donc l'honneur, croit-il, l'oblige à les défendre. Cattelain est dans l'insurrection!

C'est un bel homme, qui « représente », comme on dit. Aussi, on tient à lui, on lui offre d'être colonel d'une légion de fédérés. Tirer sur les camarades de l'armée, jamais! On se rabat sur un emploi civil, Raoul Rigault lui donne le choix. Ici Cattelain, aussi consciencieux qu'inconscient, devient pensif et fait cette réponse, d'une candeur sublime : « Je ne vois, — dit-il, — que deux » postes que je pourrais occuper avec quelque » compétence. J'ai beaucoup souffert, je connais » la misère, je crois que je ferai un bon directeur

» de l'Assistance publique. Ou bien : ma vie accidentée m'a malheureusement mis en rapport
» avec pas mal de gredins, je crois encore que je
» saurais parfaitement leur *serrer la vis.* »

Et voilà Cattelain installé dans le bureau de M. Claude et chef de la sûreté. Serra-t-il « la vis » aux malfaiteurs? je ne sais. Mais il la desserra à nombre d'honnêtes gens emprisonnés par la Commune. Il exerça ses fonctions avec une douceur remarquable, dit Maxime Du Camp. A l'entrée des troupes, il ne voulut point fuir et abandonner sa femme : il se livra lui-même, et fut condamné à trois ans de prison. Par faveur, il obtint de les faire à Mazas, où il pouvait voir sa femme et assurer son existence en travaillant à des gravures de modes. Tout le monde s'intéressait à lui. M. Claude lui apportait, c'est Cattelain lui-même qui l'écrit : « des consolations, des espérances et de l'argent. »

Enfin, les mauvais jours sont passés. Cattelain a aujourd'hui un emploi. De plus, il vient d'être attaché par M. Charles Cousin au service spécial du « Grenier » (1) et grave les planches de l'ouvrage que ce collectionneur plein d'humour va bientôt nous donner :

NOUVEAU VOYAGE AU PAYS DE LA CURIOSITÉ, par Charles Cousin, vice-président de la Société des

(1) Voyez l'article *Briend*.

Amis des Livres. (Sous presse, chez Danel, à Lille. Même format que le *Voyage dans un Grenier*.)

Cattelain a aussi gravé de nombreux portraits, à main levée : *Hervier*, peintre ; *Monin*, graveur ; etc., etc.

CAULO (ANTONIN), graveur d'ornements.

1. *Nouvelle suite d'ornements de diverses époques gravés par A. Caulo*, publiée par Le Couvey, 1841. — 2. *Le Portefeuille de l'Ornement*, gravures au burin d'après les maîtres, publié par Hauser. — 3. *Collection de meubles et d'ornements*. — 4. *Collection de lettres*, deux *Collections de chiffres* publiées par Grimm. — 5. *Album du peintre sur porcelaine*, 1853, chez Lecouvey.

CAZENAVE, graveur du commencement du siècle. — *Tête de femme* d'après Prud'hon.

CAZES (ROMAIN). — Lithographies : *Ruth et Noémi*, d'après A. Leloir. — *Napoléon Bonaparte député de la Corse à l'Assemblée nationale de 1848.*

CERONI, graveur italien contemporain. — A séjourné à Paris, où il a gravé pour l'éditeur Blaisot :

1. LES ÉMAUX DE PETITOT *du musée impérial du Louvre : personnages historiques et femmes*

célèbres du siècle de Louis XIV, gravés au burin par M. L. Ceroni, accompagnés d'une étude littéraire et biographique inédite sur chaque personnage. Paris, Blaisot, 1864; 2 vol. in-4, avec 50 portraits.

L'ouvrage se vendait 75 fr. Il a complètement réussi et s'est trouvé épuisé. Ce succès était justifié par le soin avec lequel les portraits étaient gravés.

Les épreuves avant la lettre des *Émaux de Petitot* et les épreuves d'essai, lorsqu'on pouvait se les procurer, étaient accaparées par les amateurs qui faisaient des « livres à portraits » et illustraient Mme de Sévigné, Saint-Simon, etc.

2. LES AMOURS DE LOUIS XV, six petits médaillons très finement gravés : 1. Marie Leczinska. — 2. Mme de Vintimille. — 3. Mme de Mailly. — 4. La duchesse de Châteauroux. — 5. La marquise de Pompadour. — 6. La comtesse du Barry. (Blaisot éd.)

CHABANNE. — De ce nom est signé, avec la date 1837, le portrait de *Robert-Dumesnil*, qui sert de frontispice au célèbre livre *le Peintre-Graveur français*.

CHABRY, peintre-aquafortiste. — *Landes*; *Un Chemin à Ares*; *Étang de Lacanau* (*Gazette des Beaux-Arts*).

CHAIGNEAU (F.). — *Moutons en plaine*; *le Petit Troupeau*; *Femme gardant ses moutons*, (eaux-fortes publiées par Cadart). — *Voyage autour de Barbizon*, série de 12 eaux-fortes, (Cadart).

CHAILLOUX (A.). — *La Vierge au silence*, d'après A. Carrache, in-4. Paris, chez l'auteur, 1865. Bonne gravure au burin.

CHALLAMEL. — Frontispice de Waschmut pour *Vingt-trois trente-cinq*, comédie-drame en un acte de Xavier Forneret, 1835.

CHAM (Amédée de **NOÉ**, dit), né à Paris le 26 janvier 1818, mort en 1879, fils du comte de Noé, pair de France, se destina d'abord à l'École Polytechnique, mais fut refusé à l'examen, soi-disant pour avoir fait la charge d'un des examinateurs : admettons-le ; il n'y aurait point de honte pour Cham, toutefois, à n'avoir pas eu la bosse des mathématiques. Il tâta de la carrière bureaucratique en faisant un stage au ministère des Finances ; l'Administration a plus d'une fois couvé de son aile de tels employés, l'Administration mène à tout : elle reçoit un expéditionnaire, elle rend un Rochefort, un Ludovic Halévy, un Gondinet, un Maupassant, un Theuriet. Mais la vocation du jeune homme était décidément ailleurs; son père se rendit à ses désirs et le laissa entrer dans l'atelier de Charlet, puis dans celui de Paul Delaroche.

Cham, élève de Paul Delaroche ! !

Amédée voulait être caricaturiste : il débuta en 1839 par quelques albums donnés à Philipon, et collabora aussi à plusieurs albums dans le genre Toppfer. Il adopta, en qualité de fils de Noé, ce pseudonyme de *Cham* bientôt fameux. Enfin un dessin de lui parut dans *le Charivari* du 20 décembre 1843; c'était la première fusée de ce feu d'artifice d'esprit tiré sans interruption, sans ralentissement, jusqu'à sa mort, toujours étincelant au même degré, et qui fit de Cham un des caricaturistes les plus célèbres du siècle.

Cham n'est ni un peintre comme Daumier, ni un philosophe comme Gavarni : c'est un homme d'esprit qui dit son mot sur toutes choses, un journaliste qui fait ce qu'on appelle aujourd'hui des nouvelles à la main. Seulement il accompagne ses nouvelles, pour plus de mouvement, d'une indication dessinée qui en accentue la force comique. Il n'est point voué à une catégorie exclusive de sujets et ne se spécialise ni dans les « petites femmes » comme Grévin, ni dans les théâtres, le high-life ou le sport comme Marcelin : son domaine étendu, c'est l'événement du jour quel qu'il soit, gros ou petit, la politique extérieure ou intérieure comme le mince fait-divers;

il passe de la question d'Orient à la grève des cochers, de la guerre d'Italie à la nouvelle coupe d'une tunique militaire. La fameuse devise d'Émile de Girardin : *Une idée par jour!* fut dépassée : c'est par douzaines que lui venaient les idées ; et les jours où il publiait, au lieu d'un grand dessin, ses pages de petits sujets, son succès redoublait ; sur les douze légendes il y en avait toujours quelques-unes d'irrésistibles. Sa prodigalité d'esprit était telle que pour faire une de ces pages, il présentait souvent au rédacteur en chef cinquante ou soixante caricatures, lui donnant à choisir à son gré.

Son dessin n'était qu'une sorte d'accessoire, un appendice à la légende. De la pointe de son crayon, Cham avait façonné pour son usage un certain nombre de *pupazzi* toujours les mêmes, auxquels il fit jouer, trente-six ans durant, devant un public toujours conquis, la grande revue de l'Actualité. Chacun de nous a présents à l'esprit les bonshommes de Cham : un monsieur, (député les jours de politique); une dame ; leur fils, jeune cancre mal élevé, plus pressé de s'exercer à fumer que de rentrer au collège ; une cuisinière, une portière, un poupon et sa nourrice ; monsieur Prudhomme ; une lorette, (Cham en est toujours resté à la lorette, avec le chapeau à bavolet, le châle et la crinoline) ; un sergent de ville, personnifiant l'autorité ; un rapin, personnifiant l'art;

un bébé des bals masqués de 1860; Polyte et Gugusse, pâles voyous; un chiffonnier hirsute, depuis colonel de la Commune et légèrement pétroleur. Mention spéciale est due au fiacre de Cham, cet étonnant « sapin » traîné par une rosse famélique et conduit par un Collignon hérissé, à carrick, (Cham tenait absolument à ce carrick), campé sur son fouet et réclamant insolemment son pourboire. Il y a encore la bonne locomotive de Cham, ingénieusement réduite à sa plus simple expression, et qu'il ne faut pas oublier. Pour la politique extérieure, le personnel des diverses nations : le Turc infortuné, le Chinois tarabusté, une vieille Albion casquée, avec des boucles en tire-bouchons et de longues dents, etc.

Par dessus tout, revenant plus souvent que tous, le personnage le plus aimé, le plus choyé de Cham, le grand premier rôle de sa comédie, le soldat français, le Dumanet sémillant et partout vainqueur, brave et bon enfant, portant fièrement la barbiche réservée aux compagnies d'élite, parlant ce langage militaire de convention émaillé de *nonobstant* et de *subséquemment*.

Cham a gravé une eau-forte dans sa vie; cette eau-forte représente encore Dumanet victorieux et facétieux, promené dans Pékin par deux Chinois soumis qui, de leurs deux longues tresses nouées ensemble, ont fait un siège à ce triomphateur.

C'est que Cham était chauvin. Combien il avait

raison ! Qu'a-t-on trouvé pour remplacer le chauvinisme? Une sagesse frisant le scepticisme lâche ou le cosmopolitisme odieux : c'est tout.

La mesure, l'absence de méchanceté, voilà la marque de toutes ses plaisanteries. Ses charges sur les nations étrangères ne présentent jamais cette jalousie haineuse qu'ont souvent les caricatures publiées au dehors contre la France ; foncièrement conservateur, il sut se faire accepter sans conteste dans un journal d'opposition. Quand il touche les sujets les plus brûlants de la politique intérieure, c'est d'un crayon vif mais sans fiel (1). Sous le caricaturiste Cham on trouve toujours M. de Noé, gentilhomme et homme de cœur.

A combien de milliers de caricatures monte l'œuvre de Cham? Il nous est impossible de l'évaluer. Cham aura-t-il un jour le catalogue détaillé de toutes ses caricatures, comme l'a déjà Gavarni et comme l'aura sûrement Daumier? La besogne est pour effrayer. Séra-t-il toujours apprécié à sa vraie valeur? Il le faut espérer.

---

(1) Comparez à la bénignité des charges de *l'Assemblée nationale comique* la virulence des caricatures faites à la même époque par les dessinateurs de la *Revue Comique*; surtout celles dirigées contre Louis-Napoléon. C'est dans les caricatures de la *Revue Comique* que le *Kladderadatsch* et autres journaux allemands prirent leur type pour les caricatures dont ils poursuivirent Napoléon III. On trouvera quelques-unes de ces caricatures prussiennes, d'ailleurs exécutées de la plus lourde patte, reproduites dans *les Mœurs et la Caricature en Allemagne, en Autriche, en Suisse*, par M. Grand-Carteret, 1885, un vol. grand in-8, nombreuses figures.

Pour le juger, dans l'avenir, on devra compter que les plaisanteries sur les actualités veulent être absorbées chaudes : dès le lendemain leur ragoût s'évapore et leur sel nous échappe. Ceux qui désormais auront sous les yeux les charges de Cham devront toujours se rappeler l'immense succès du caricaturiste : pendant plus de trente ans, pas un homme en France n'entra dans un café sans dire : *Il faut voir le Cham d'aujourd'hui. Garçon! le* CHARIVARI !, et n'en sortit ensuite sans penser : *Ce Cham est étonnant! Qu'il est donc drôle! Qu'il a d'esprit!*

Cham, en quelque sorte plébiscité par ses contemporains, a obtenu l'unanimité des suffrages. (1)

1. Livres divers.

Le collectionneur devra, pour l'œuvre de Cham, connaître les livres qu'il a illustrés :

Musée ou Magasin comique de Philipon (rare à trouver bien complet, 120 à 150 fr.). — *Parodie du Juif-Errant*, 1845, avec 300 bois. — *Paris au bal.* — *Ulysse ou les porcs vengés*, 1852, bois de Cham, Daumier, de Beaumont. — *L'Assemblée nationale comique*, 1848, (livre estimé. A la fin Cham s'est représenté avec Lireux. Il faudrait avoir un portrait de Cham des dernières années, plus maigre que jamais, et tenant sous le bras son inséparable ami, son frère siamois, le petit chien Bijou !). — *Messieurs les Cosaques*, 1855, 100 vignettes.— *Les Souffrances du professeur Delteil*, avec quatre eaux-fortes, 1861, in-12. — *Almanachs prophétiques.* — Vignettes pour les couvertures de divers volumes de Pierre Véron et autres. — *Punch à Paris*, sans date.

(1) Pour sa biographie détaillée voyez le *Cham* de M. Félix Ribeyre, Paris, Plon, 1884, in-12, avec divers fac-simile. Préface de Dumas fils.

2. Albums de caricatures; lithographies, gravures sur bois ou procédés :

Album saugrenu. — L'Année prochaine. — Aventures de Télémaque par Fénelon et Cham. — Bêtises et jeux de mots tirés par les cheveux. — Calembours en action. — Charges parisiennes. — Croquis de printemps. — Croquis d'automne. — Croquis en noir. — Deux vieilles filles à marier. — En carnaval. — Exposition de Londres. — Grammaire illustrée. — Impressions lithographiques de voyage. — Histoire du prince Colibri. — La Lanterne magique. — Maroquinades. — Mélanges comiques. — Miroir caricatural. — Miroir comique. — Mœurs algériennes, chinoiseries turques. — Monsieur Jobard. — Monsieur Lajaunisse (premier album publié par Amédée de Noé). — Monsieur Lamélasse. — Nos gentils petits-enfants. — Proudhon en voyage. — Punch à Paris. — Rébus comiques. — Les Représentants en vacances. — Revue comique de l'Exposition. — Soulouque et sa cour. — Souvenirs de garnison. — Tortures de la mode. — Turlupinades. — Voyage de Paris en Amérique poussé jusqu'au Havre. — Etc., etc.

Feuilleter la collection du *Charivari*, *l'Illustration*, etc., et les *Œuvres choisies de Cham*, recueil de très nombreux albums de gravures sur bois tirées des journaux illustrés.

CHAMBARON, graveur sur bois. — Titre du *Treizième arrondissement* de Louis Lurine; etc., etc. Plus tard, on le retrouve à Toulouse, gravant pour *l'Illustration du Midi* de nombreux bois, notamment des vues pittoresques de Toulouse, Rodez, Carcassonne, etc., d'après les dessins de Soulié et de F. Mazzoli.

CHAMPIN (JEAN-JACQUES), peintre et lithographe, né en 1796, élève de Storelli.

1. *Paris historique, promenade dans les rues de Paris*, par MM. Charles Nodier de l'Académie française, Aug. Régnier et Champin, orné de 200 vues lithographiées. Paris, Levrault, 1838. 3 vol. in-8.

Toutes ces vues ont un aspect ténébreux, mélodramatique, lugubre, on ne sait pourquoi.

2. *Habitations des personnages les plus célèbres de France depuis 1790 jusqu'à nos jours*, dessinées d'après nature par Aug. Régnier et lithographiées par Champin, 100 vues. Avertissement par Nodier.

3. Diverses vues de villes, vues des capitales d'Europe, vues de la Grande-Chartreuse, vue perspective de la maison Piver, 103 rue St-Martin; vignette pour le *Massacre de Vassy*; Nouvel Album des amateurs, cours de paysage, etc.

CHAMPION, lithographe.

Suite d'encadrements pour entourer le texte des diverses Constitutions de la France depuis 1789 : *Déclaration des droits*, etc.

Le dessinateur a représenté, à côté de la Charte de 1814, un Cosaque, allusion brutale au fameux mot sur le retour des Bourbons dans les fourgons de l'ennemi. Il faut noter que Champion avait lithographié peu avant la révolution de Juillet les portraits de *Charles X* et du *Duc d'Angoulême*.

CHAMPMARTIN (CHARLES-ÉMILE), né en 1799, élève de Guérin. Ce peintre, — qui eut des débuts si brillants et si acclamés comme portraitiste, et qui finit en se faisant dire que ses têtes avaient l'air « de mottes de beurre fardées », ou bien encore que sa peinture « coulait jaune et huileuse sur la toile comme du beurre fondant au soleil », — a lithographié :

Une rue à Constantinople.

CHAMPOLLION (Eugène-André), né à Embrun le 30 mars 1848, a fait ses études à Grenoble et ses mathématiques spéciales à Paris. Il voulait être architecte. Il s'amusa à essayer quelques eaux-fortes en suivant pour tous conseils les indications du *Manuel Roret*, et donna plusieurs petites planches dans *Paris à l'eau-forte*. En 1876, sur le conseil de Gaucherel, auquel il montra son *Papillon* d'après Fortuny, il se fit définitivement graveur.

1. Planches publiées dans *L'Art* : (elles comptent parmi les meilleures du graveur)

Marocains jouant avec un vautour, de Fortuny. — Le Choix du modèle, de Fortuny. — Italienne, de Fortuny. — Vase de Gustave Doré à l'Exposition universelle de 1878.— Pendule de Gustave Doré. — Baromètre en bois sculpté, d'après Beurdeley. — Surtout de table en argent ciselé, de Christophle. — Jeune femme au bord de la mer, de Duez. — Une planche, d'après Butin. — Le Décavé, d'après Orchardson. — Les Saisons, 2 p., de Louise Abbema. — Sarah Bernhardt, d'après Bastien-Lepage. — Vase de Clodion, collection Demidoff. — Au coin du jardin, de Casanova, grande estampe. — Paysage de Berghem. — Ronde champêtre, de Pater.

2. ESTAMPES DIVERSES.

M. de Julienne, d'après Watteau ; Anglaises (la Première Poste?); Enfants turcs, d'après Decamps; (*Gazette des Beaux-Arts*). — Trois planches d'après Boucher (Quantin éd.). — Le Triomphe de la Loi ; la Vérité, d'après Baudry ; (*le Livre d'Or*, Jouaust). — Psyché et l'Amour ; Horse Backs, d'après Baudry ; (*Modern Artists*). — Le Choix du modèle, d'après Fortuny (*Cent Chefs-d'œuvre*). — Vasco de Gama ; Camoëns ; (*Album national*, Lisbonne). — Planches diverses d'après Lancret, Fragonard, Bonington, Courbet, Millet, etc. pour les catalogues Thiers, Jean Gigoux, His de la Salle, etc. — Reproductions d'après Moreau le jeune pour le catalogue de la collection Mahérault, 9 p.

En embuscade, d'après Kæmerer. — Allant à l'école, d'après Bole. — Moine mendiant, d'après Zamacoïs. — Entrevue de Blois, d'après Comte. — La Femme hydropique, d'après Gérard Dow. — Espagnol jouant de la guitare, d'après Worms. — Rosalba ; l'Heure du berger ; d'après Fragonard (collection Lacaze). — Étude d'après Jules Lefebvre. — Études d'après Watteau.

3. LE PAPILLON, d'après Fortuny. (Cadart éd.)

4. L'EMBARQUEMENT POUR CYTHÈRE, d'après Watteau ; in-fol. (Hautecœur.)

5. L'ÉTÉ, d'après Lancret. (Chalcographie.)

6. LA TOILETTE DE LA FIANCÉE, d'après Jules Lefebvre ; in-fol. (G. Petit éd.)

7. LE MENUET, d'après Jacquet ; in-fol. (G. Petit.)

Cette planche a valu au graveur une première médaille, au Salon de 1883.

8. PORTRAITS : Mme S***, — trois portraits de Gouverneurs des Indes, — Catulle Mendès, — M. de Franqueville, — M. Mathieu Devienne, — Champollion-Figeac, Aimé Champollion, Champollion le jeune (*Chroniques dauphinoises*), — M. Valette, de la Faculté de Droit de Paris, — le docteur Margot, — Jules Favre, — le docteur Pozzi, — Mme L. C***.

9. Ex-libris Maurice de Seyne.— Ex-libris des Hours. — Carte d'invitation aux soirées de M. Charpentier.

10. Soixante fac-simile et portrait d'Holbein pour l'*Éloge de la folie* (Arnaud et Labat éd.), 1875, in-8. — Cent quarante fac-simile d'après Dunker pour l'*Heptaméron* (Eudes), 1870, in-8. — Quatre fac-simile d'après Marillier pour *Faublas* (Lemonnyer). — Deux planches pour *Molière* (Lemonnyer).

11. Dix vignettes d'après Garnier pour le tome II du *Fond du sac*, 1879. (Lemonnyer éd.)

12. Deux vignettes de Bastien-Lepage pour *le Docteur Herbeau*, de Jules Sandeau, in-32. — Quatre vignettes d'Eug. Giraud pour *Mademoiselle de Maupin*, in-32. — Deux portraits; cinq planches d'après Bida pour un *Chénier*, in-32. — Deux vignettes de Worms pour *Colomba*, in-32. — Deux vignettes de Rochegrosse pour *Lui et Elle*, in-32. — Rolla, d'après Gervex, pour un *Musset*; la même planche refaite, sans l'homme. — *Nana*, d'après Manet. (Charpentier éd.)

13. Huit illustrations de Pille et portrait de Brantôme pour les *Dames galantes*, in-16 (Hérissey éd.) — Portrait de Scarron pour le même éditeur.

14. Douze illustrations d'après les dessins de Mme X***, pour *Psyché*, de Molière, in-4 (Jouaust).

15. Quatorze illustrations de Jules Garnier pour les *Contes de Straparole*, in-16 (Jouaust).

16. Cinq illustrations de Victor Ranvier pour l'*Aminta* du Tasse, in-18 (Jouaust).

17. Six illustrations de Leblant et un portrait (gravé deux fois) pour *Servitude et Grandeur militaires*, 1885, in-8 (Jouaust).

18. Six illustrations de J.-P. Laurens pour *Faust* (Jouaust).

19. MADEMOISELLE DE MAUPIN (édition Conquet), 1883, 2 vol. in-8. Suite de deux petites têtes d'après Louis Leloir, servant de fleurons pour les titres, et de dix-huit illustrations de Toudouze (la figure 12 a été recommencée).

Les exemplaires de luxe de cette belle édition, avec les eaux-fortes des gravures, ont obtenu un vif succès auprès des bibliophiles.

CHANDELLIER, l'ami de Gavarni, a lithographié : *la Tour du buffet*, *Pont de la Rochelle*, *Bains de mer de la Rochelle*, *Marais en Vendée*, etc.; des planches de modes et des costumes de théâtre, etc.

CHANSON (L.), graveur au burin. A gravé une partie des planches de l'ouvrage suivant :

CHANSONS NATIONALES ET POPULAIRES DE FRANCE, notes par Dumersan et Noël Ségur, 48 aciers d'après Geoffroy, Veyrassat, etc. (G. de Gonet éd.), 1851, 2 vol. in-8.

Ne pas confondre cet ouvrage avec les fameuses *Chansons populaires* (Delloye éd., 1843) si recherchées aujourd'hui. Les *Chansons nationales* sont médiocrement gravées. L'éditeur payait peu et on lui en donnait pour l'argent. Néanmoins c'est encore un livre possible.

CHAPLIN (Charles), peintre, né aux Andelys en 1825. Son œuvre de graveur est jusqu'ici peu connu ; il a été éclipsé par l'œuvre du peintre. Mais il est fort curieux : il nous montre Chaplin aquafortiste, usant de moyens simples, et gravant sans prétention comme sans rouerie ; quelques-unes de ses planches offrent aussi un intérêt particulier, en nous rappelant qu'avant d'être le peintre de la femme, Chaplin fut un paysagiste, et réaliste qui plus est. Aussi l'on nous saura gré, pensons-nous, de donner ici le catalogue complet de l'œuvré gravé de Chaplin : c'est un important chapitre ajouté à l'histoire des peintres-graveurs.

L'ŒUVRE GRAVÉ DE CH. CHAPLIN

I. — EAUX-FORTES ORIGINALES

1. Chaplin, de trois quarts à droite. In-8 à claire-voie (H. 12 cent.), 1876.

2. Melle C.... Tête de jeune fille, tournée vers la gauche, les cheveux tombant sur le cou. In-8 à claire-voie (H. 12 cent.), 1876.

3. Daubigny, en buste, de face, tenant sa palette. In-4.

La gravure a, dans les premières épreuves, la dimension de 21 cent. ½ de haut. Puis elle a été réduite à 15 cent. et l'on ne voit plus que le bord de la palette.

4. Célestin Nanteuil, en buste, de face. In-4 (H. 22 cent. $\frac{1}{2}$).

Les premiers états, qui sont les meilleurs, n'ont pas encore la ligne verticale du fond à droite, qui indique l'angle d'un mur. La figure est beaucoup moins travaillée.

Publié par *l'Artiste.*

5. Gustave Ricard, peintre, vu en buste, de face, col blanc rabattu. In-8 (H. 15 cent.).

L'état d'eau-forte est sans le fond et sans la signature.

Publié par *l'Artiste.*

6. Ziem, peintre, de face, la main gauche appuyée sur la hanche : il est à son chevalet. In-4.

Le premier état a 21 cent. $\frac{1}{2}$ de hauteur à la gravure, et sur la marge inférieure est tracé un petit croquis à l'eau-forte (un bateau) de la main de Ziem.

La planche a paru ensuite dans *l'Artiste*, réduite.

A été publiée de nouveau dans le recueil des 15 planches.

---

7. Saint Sébastien, d'après un tableau de Chaplin exposé en 1847. In-4, cintré (H. 20 cent. $\frac{1}{2}$).

Le tableau est dans l'église de Carlepont (Oise).

---

8. La Tricoteuse.—Jeune paysanne tricotant, assise sur un rocher, tournée de profil à droite. Dans le bas, sur la gravure, le mot *Auvergne.* In-12 (H. 11 cent.).

Première eau-forte de Chaplin.

Publication de *l'Artiste.*

9. La Fileuse.—Jeune paysanne agenouillée et filant sa quenouille, de profil à gauche. — Pendant de la pièce précédente.

Publication de *l'Artiste.*

10. Fileuse d'Auvergne. — Elle est debout, devant son lit; tenant sa quenouille et tournée vers la droite, son ombre se projette sur le mur. A gauche de la composition est une cruche, à droite un balai. In-4, 1847.

11. Fileuse et son enfant, Auvergne (première planche). — Elle est assise, tournée à droite, dans une demi-obscurité; l'enfant est assis sur une chaise, tout contre elle, à sa gauche (à droite de la planche). In-4 (H. 202^{mm}).

Un premier état porte la signature *Ch. Chaplin 1850*, effacée ensuite.

12. Fileuse et son enfant (deuxième planche). — Même sujet, signé *Ch. Chaplin 1850*. (H. 196^{mm}).

Publié dans *les Artistes contemporains*.

13. NOVEMBRE, Aunay, 1856. — Effet de mauvais temps, dans une plaine où se voient des moulins et un troupeau de moutons. Titre, et au dessous une légende en anglais : *The gloomy night*, etc. In-4 en largeur.

L'état d'eau-forte donne un effet de brume épaisse, trouée à ras de terre par le vent.

Dans l'état terminé, l'effet s'est accentué pour devenir un gros grain chassé vers la droite de la composition.

Cette très intéressante eau-forte, caractéristique de la première manière de Chaplin, a été publiée dans le recueil des 15 planches.

14. Intérieur. — Dans un intérieur de ferme obscur, une paysanne, adossée à l'angle d'une embrasure de porte et tournée vers la gauche, file sa quenouille. — *Ch. Chaplin 58.* — In-8 (H. 16 cent.).

Publiée dans le recueil des 15 planches.

A été reproduite sur bois dans *l'Illustration*.

15. Un Bateau de pêche, tiré sur le sable au bord de la mer. — Signé *Chaplin* sur la gravure. Sous le trait carré : *Honfleur 1862*. In-8 en largeur (L. 17 cent. $\frac{1}{2}$).

16. Croquis de paysage. — A droite un tertre avec des arbres dépouillés de leurs feuilles. Indication d'une figure assise, de moutons et d'un chien noir. In-8 (H. 16 cent.).

17. Petit croquis de paysage. — Un chemin, sur le talus duquel on voit, à droite, des arbres dépouillés de leurs feuilles. Sur le chemin, indication d'une figure sur un âne et d'un enfant. (H. 10 cent. $\frac{1}{2}$).

A été gravé sur le même cuivre que le n° suivant.

18. Petit croquis de paysage. — L'hiver, une petite cabane à droite, devant un fond d'arbres. (H. 10 cent. $\frac{1}{2}$).

19. Croquis de paysage.— Un pont d'une seule arche sur un ruisseau. Sous l'arche du pont, indication de deux vaches s'abreuvant. Grands arbres dans le fond. — Signé *Ch. Chaplin*, *Brignancourt 1862*. In-8 en largeur (L. 17 cent. $\frac{1}{2}$).

Publié par Cadart.

20. Brignancourt, petit croquis de paysage. — Deux meules de paille, à la lisière d'un bois, l'hiver. — In-12 en largeur (L. 11 cent. $\frac{1}{2}$).

21. Le Crotoy, croquis de paysage. — Sur un fond de crépuscule se profile la silhouette d'une maison et d'un moulin. — *Ch. Chaplin*. In-8 en largeur (L. 15 cent. $\frac{1}{2}$).

---

22. La Poésie, d'après un plafond. — Elle est assise sur un nuage, montrant de la main gauche un livre sur lequel on lit : *Eaux-fortes par Ch. Chaplin*, 1860. Pièce ronde de 12 cent. de diamètre.

A servi de titre à une publication d'eaux-fortes de Chaplin faite par Cadart.

23. Baigneuse, debout, vue de dos. In-12 (H. 10 cent.)

Sur l'épreuve d'eau-forte, on voit dans la marge de droite un petit paysage signé *Chibourt*. La planche est alors large de 11 cent. aux témoins.

24. Le Printemps, l'Hiver (amours dont l'un porte sur la tête un panier de fleurs, amours sur des nuages), deux petites pièces ovales sur le même cuivre.

Publication dans *l'Artiste*, avec l'indication que les peintures ont été exécutées pour l'hôtel de M. le marquis d'A..., à Bruxelles.

Publication ultérieure dans le recueil des 15 planches.

25. Angélique, attachée nue sur le rocher. In-8.

Publié dans le recueil des 15 planches.

26. Les Colombes. In-8 (H. 17 cent. ½).

1. Eau-forte. — 2. Le fond de mur couvert de tailles croisées. Signé *Ch. Chaplin*. — 3. Tailles diagonales croisées sur le mur. — 4. Avec le titre.

Publié par Cadart.

27. Liseuse, assise, tournée à droite, la tête appuyée sur la main gauche, son livre sur les genoux, un tabouret sous les pieds. In-8 (H. 17 cent.).

Sur l'épreuve d'eau-forte on aperçoit, tracée en travers de la planche, l'indication d'une baigneuse debout, vue de dos.

28. Diane chasseresse, grand in-8 à claire-voie.

Publié par Cadart, et aussi dans le recueil des 15 planches.

29-30. Le Bain ; les Fleurs, peintures sur glace du palais de l'Élysée, 2 p. in-4 (H. 22 cent.).

Les épreuves d'eau-fortes sont avant le fond.
Publié par Cadart.

31. Le Nid. — Jeune fille assise tenant un nid sur ses genoux. In-8 (H. 12 cent. ½).

A paru en tête d'un volume de poésies de M. de Lonlay. Exécuté sur le même cuivre que le n° suivant.

32. Jeune fille coiffée d'un bonnet, assise et lisant, avec un gros chien à sa gauche. (H. 12 cent. ½).

33. Diane, Salon de 1863. — Elle est couchée, nue, au bord d'un ruisseau, la tête à la gauche de la planche. In-8 en largeur (L. 16 cent.)

Planche détruite après quelques épreuves.

34. La Sculpture, panneau décoratif à angles cintrés. In-4 en largeur (L. 26 cent. ½).

1er état. Exécuté par Bracquemond (voir n° 266 de son catalogue), sans encadrement; tête de chien comme *remarque* dans la marge du bas.

2e état. Avec les filets d'encadrement cintrés aux angles. Quelques modifications de la main du peintre.

35. La Musique, panneau décoratif à angles cintrés. In-8 en largeur (L. 16 cent. ½).

Sur l'épreuve d'eau-forte, le titre est indiqué à la pointe sur la marge inférieure. Il a été ensuite effacé.

36. Les Bulles de savon, d'après le tableau de Chaplin qui est au musée du Luxembourg. — Une jeune fille assise, son rouet à côté d'elle, fait des bulles de savon. Signé. In-8 (H. 12 cent.).

Publié par Cadart.

37. Le Bouquet, eau-forte inédite. — Jeune femme debout, tournée vers la gauche, et tenant un bouquet. A gauche de la planche, indication d'un guéridon. In-8 (H. 14 cent.).

Planche détruite.

Ce sujet a été gravé sur la même planche que le n° suivant.

38. La Poésie, assise sur un nuage; en forme de panneau avec deux côtés cintrés. Petit in-8. La marge de droite plus large que celle de gauche.

A servi de titre à une publication d'eaux-fortes de Chaplin faite par Cadart.

39. La Jarretière. — Jeune femme assise sur une chaise, tournée vers la droite, et dénouant sa jarretière. — *Ch. Chaplin, 1874*. In-12 (H. 12 cent. ½).

40. LES TOURTERELLES. — Signé *Ch. Chaplin*. In-4 ovale (H. 21 cent.).

Le sujet est des plus connus : le tableau est un des plus grands succès du peintre, il a été reproduit de toute manière, par tous les procédés de gravure, en statuettes de porcelaine, voire en boutons de manchettes, ce qui est le dernier terme de la popularité.

Peu de peintres ont été, plus que Chaplin, reproduits par la gravure. Malheureusement on ne peut pas dire que ses graveurs se soient toujours montrés dignes de lui !

41. Le Bain. — Baigneuse vue à mi-jambes, de profil à gauche, adossée à un tertre. Dans l'angle inférieur droit, un panier de fleurs. — Signé sur la marge, *1874. Ch. Chaplin.* — In-4 (H. 20 cent. ½).

42. La Pèche. — Jeune fille jetant sa ligne, près d'elle une autre jeune fille coiffée d'un bonnet; un amour pêche, un autre joue d'un pipeau. — *Ch. Chaplin 1876*. In-4 (H. 23 cent. ½).

Publié par Cadart.

43. Rose de mai. — Jeune fille, en buste, vue de face; les cheveux noués sur le sommet de la tête; une collerette au cou; la gorge entièrement découverte; la main droite ramenée sur la ceinture. — In-4 (H. 24 cent.).

II. — EAUX-FORTES D'APRÈS DIVERS.

44. La Morte, d'après un fusain de Decamps très peu fait. In-4 en largeur.

Pour *les Artistes contemporains.*

45. Le Cochon, d'après Decamps. In-8 en largeur.

Pour *l'Artiste.*

46. Bergers des Landes, d'après Ad. Leleux. In-4.

Pour *l'Artiste.*

47. Faneuses bretonnes, d'après Ad. Leleux. In-4 en largeur.

48. Les Pâtres espagnols, d'après Ad. Leleux. In-4 en largeur.

Pour *les Artistes contemporains.*

49. Étude de berger breton dans l'intérieur d'une chaumière, d'après Ad. Leleux. In-4 en largeur.

Pour *les Artistes contemporains.*

50. Intérieur d'une habitation mauresque, d'après Edm. Hédouin. In-4 carré.

Pour *l'Artiste.*

51. Intérieur d'une cour a Constantine, d'après Edm. Hédouin. In-4 en largeur.

Pour *les Artistes contemporains.*

52. Léda, d'après Ch. Nègre. Petit in-4 en largeur.

Pour *l'Artiste.*

53. Baigneuse, eau-forte inédite d'après un dessin de de Rudder. — Elle est au bord d'un ruisseau, étendue sur l'herbe, et de la main droite elle saisit une branche d'arbre. In-8 en largeur, cintré dans le haut.

54. Portrait d'Hélène Fourment, seconde femme de Rubens, et de deux de ses fils, d'après Rubens. Petit in-fol.

Donné en prime par *l'Artiste.*
La planche appartient à la Chalcographie.

55. L'EMBARQUEMENT POUR CYTHÈRE, d'après Watteau. In-fol. en largeur.

Chaplin possède la série de tous les états de cette planche, gravée pour la Chalcographie du Louvre.

56. Noce juive dans le Maroc, d'après Delacroix (première planche, détruite). In-4 en largeur (largeur de la planche aux témoins, 45 cent.).

57. Noce juive dans le Maroc, d'après Delacroix (deuxième planche, publiée). Même format (largeur aux témoins, 44 cent).

Cette planche, suivant l'indication qui nous est donnée par Chaplin, a été gravée par Lefort sous sa direction. Elle appartient à la Chalcographie.

58. Les Vierges folles, d'après Bida. In-4. (Pour les *Évangiles* de Hachette.)

Planche retouchée par Hédouin.

III. — LITHOGRAPHIES.

59. Le Soir dans les bruyères, Auvergne (le tableau est au musée de Bordeaux). — Dans un paysage accidenté, un pâtre arrache des herbes. Plus haut, trois paysannes dont l'une porte un paquet d'herbes sur la tête, la seconde en forme un autre paquet, la troisième appelle en faisant un porte-voix de ses mains. 1849. In-8 (H. 18 cent.).

60. Paysanne de la Basse-Auvergne. — Elle est debout, tournée à droite, tenant une écuelle, et donne à manger à ses poules.— *Ch. Chaplin pinx. Imp. Bertauts.* In-8.

Publié dans *l'Artiste*.

61. Pâtres des Cévennes. — Le dernier terme du crépuscule, dans un paysage montueux. Un pâtre et une paysanne chassent devant eux un troupeau de cochons qui descend vers le premier plan. — *Salon de 1850. Ch. Chaplin pinx. et lith. Imp. Bertauts à Paris.*

Publié dans *l'Artiste*.

Le tableau a une histoire, et qui a fait scandale : toute la presse l'a racontée. En 1885, paraît soudainement sur le marché un Millet inconnu, et garanti authentique. Le hasard fait que ce Millet passe sous les yeux de Chaplin qui reconnaît, quoi ? ses *Pâtres des Cévennes*, cette production de sa jeunesse. On avait tout simplement effacé son nom et mis la signature de Millet. Le faussaire ignorait que le tableau fût gravé ; il s'est fait prendre la main dans le sac.

Chaplin a ri de l'aventure. Il attribue plaisamment ce méfait à l'ombre de Millet qui aura voulu se venger de lui Chaplin, devenu adversaire déclaré du paysage réaliste. Et il ajoute avec un soupir : « Pour une fois que je fais des » cochons, je n'ai pas de chance ! »

62-69. Huit lithographies pour le recueil de quinze planches.

Ce recueil comprend les lithographies suivantes :

1. *Eaux-fortes et Lithographies par Chaplin. Recueil de 15 planches. A mon ami M. Aimé Gros.* — Titre, in-4 en largeur. — Au premier état le titre est écrit à rebours, ainsi que la date 1861.
2. L'Architecture, in-4 en l. (Avait d'abord paru dans *l'Artiste.*)
3. La Sculpture, in-4 en l. (Id.)
4. La Comédie, in-4 en l. (Id.)
5. Salmacis, in-8.
6. Le Bain, in-4. *Timides et n'osant...* etc. — Les premières épreuves avec la légende : *Qui timides, n'osant...* etc.
7. Le Printemps, ovale in-4.
8. Le Premier Baiser, in-4.

Et les six eaux-fortes inscrites plus haut sous les n°s 6 (*Ziem*), 13 (*Novembre*), 14 (*Intérieur*), 24 (*le Printemps, l'Hiver*), 25 (*Angélique*), 28 (*Diane chasseresse*).

La quinzième pièce du recueil, *l'Hiver* (ou *le Porcher*), est une eau-forte gravée par Bracquemond (voyez n° 267 de son catalogue).

70. Le Miroir. — Jeune femme vue de dos, déshabillée, et tournant la tête à droite vers un miroir. Ovale in-4.

71. Étude. — Jeune garçon (ou jeune fille ayant les cheveux coupés) vu de dos, accroupi, s'appuyant du bras droit sur une levée de terrain, et qui semble pleurer. — *Millet pinx. Imp. Bertauts.* In-8 (H. 18 cent.).

Tiré à 15 épreuves. La planche était destinée à *l'Artiste*, qui ne la publia pas. Millet et Chaplin étaient loin alors de la célébrité.

72. Nymphe bocagère, d'après Jeanron. In-4 en l. (*L'Artiste.*)

CHAPON (Léon-Louis), graveur sur bois contemporain. Médaille au Salon de 1866.

CHAPUY. Ce nom de graveur revient souvent sur les planches d'un livre que nous voulons citer ici, bien que nous ne nous occupions pas de la gravure d'histoire naturelle; mais cet ouvrage jouit d'une telle célébrité, d'ailleurs méritée, qu'on ne peut l'omettre : *les Roses*, de Redouté.

CHARLET (Nicolas-Toussaint), peintre, né en 1792, est un enfant du peuple; son père, soldat de la République, était mort à la guerre. Sa mère le plaça à l'école centrale républicaine, puis à force de privations put être en mesure de le mettre au lycée impérial, où il fut d'ailleurs élève médiocre. Sous l'Empire, il fut employé dans une mairie : il fallait vivre, et son père ne lui avait laissé « qu'une paire de bottes, fatiguée par les campagnes de Sambre-et-Meuse ». Il se conduisit bravement à la défense de Paris en 1814, comme sergent de la garde nationale. La Restauration lui enleva ce modeste grade.

Il se sentait du goût pour le dessin. Après un premier apprentissage chez « un crouton nommé Lebel, élève racorni de David », (c'était l'époque où, selon l'expression de Charlet, « *la rotule des* » *Atrides se montrait même à travers les pantalons,*

» dans les tableaux d'un grand nombre des vic-
» times du grand maître »), il fut admis en 1817 dans l'atelier de Gros, où il resta trois ans, après lesquels le maître lui dit qu'il pouvait désormais se passer de leçons.

Dès son entrée chez Gros, il avait publié ses premières lithographies, capitales dans son œuvre.

Voici comment ont été jugées, par Eugène Delacroix, ces célèbres lithographies de la première manière de Charlet : *les Deux Grenadiers de Waterloo*, *le Drapeau défendu*, *les Français après la victoire*, *la Mort du cuirassier*, *le Caporal blessé et son chien lui léchant sa blessure*, etc. :

« Son talent n'avait point eu d'aurore : il est
» arrivé tout armé, pourvu de ce don d'imaginer
» et d'exécuter qui fait les grands artistes. Il a
» même cela de remarquable que la première
» période de son talent est celle où ce talent est
» le plus magistral. Dans des sujets aussi simples,
» et, ce qu'il y a de plus difficile, dans la repré-
» sentation de scènes vulgaires dont les modèles
» sont sous nos yeux, Charlet a le secret d'unir
» la grandeur au naturel. En parcourant cette
» suite de magnifiques dessins qui ont marqué
» surtout la première époque de son talent, on
» cherche involontairement ce qu'on peut lui
» préférer chez les plus grands maîtres sous le
» rapport de la simplicité de la conception et de
» l'ampleur du dessin. L'illustre Gros, pour qui

» il professait tant d'admiration, avait déjà donné » l'exemple de cette grandeur et de cet idéal dans » les figures militaires de ses vastes tableaux. » Charlet retrouve ces mérites dans de simples » dessins, mais avec infiniment plus de naturel » et de vérité. » (1)

Ces pièces ne furent pas immédiatement appréciées. Bien que les éditeurs prissent quelquefois les lithographies de Charlet pour des Gros; bien que Gros lui-même dît de telle de ces lithographies (*l'Aumône*, par exemple) : *Je voudrais avoir fait cela*, Charlet ne trouvait pas à les vendre. Il ne tira profit de ses dessins que vers 1822 : à ce moment, il faisait alterner avec les scènes de sensibilité, où il était supérieur, les sujets plaisants.

Pourtant, une de ses premières lithographies lui fit un succès de popularité immense : *le Grenadier de Waterloo.* Ne reprochons pas à cette scène célèbre sa grandeur un peu théâtrale, un groupement des personnages semblable à celui d'une fin d'acte au moment où le rideau va baisser, l'immobilisation du héros dans une attitude sculpturale : ce serait lui reprocher juste sa qualité. C'est par ces compositions théâtrales qu'on prend une nation aux entrailles : ce qui

(1) *Charlet*, par Eugène Delacroix, dans la *Revue des Deux-Mondes* du 1er janvier 1863.

la saisit, c'est précisément un sujet susceptible d'être traduit en tableau vivant, comme l'immortelle *Barrière de Clichy* d'Horace Vernet, comme *les Dernières Cartouches* de De Neuville. Sans doute on peut préférer à cette lithographie de Charlet des compositions moins apprêtées : et cependant, jamais la *Dernière charge des lanciers rouges*, jamais la *Retraite du bataillon sacré*, ces poignantes pages de Raffet qui peignent le fait même de Waterloo, ne remueront l'âme du peuple comme ce *Grenadier* de Charlet qui le symbolise; de même que jamais les relations vraies des historiens ne la remueront comme la fantaisie épique de Victor Hugo.

Les Raffet sont merveilleux, pour ceux qui savent regarder. Les Charlet sautent aux yeux.

Ces premières lithographies de Charlet ont le privilège d'être exclusivement citées toutes les fois qu'on veut mentionner à titre d'exemple quelques-unes de ses productions. Mais celui qui ne connaît que ces morceaux fameux ne connaît pas Charlet. Songez que son œuvre lithographié est de douze cents pièces. (Et nous ne parlons pas des dessins, qui montent à plusieurs milliers.) Ce n'est pas en citant quatre ou cinq specimens qu'on peut donner l'idée d'un œuvre aussi vaste et aussi complexe. (1)

(1) « Qu'on parcoure notre livre, *tout notre livre*, — dit le colonel de La

Charlet, en effet, s'offre à l'amateur d'estampes sous des points de vue très divers.

Le plus décisif, c'est comme peintre du soldat-héros de l'Empire, soit dans ses suites de *Costumes militaires*, soit dans ses compositions, généralement si touchantes (*France : là finit leur misère*; — *Adieu, fils!... je t'ai revu, je suis satisfait*; — etc.), où il fait intervenir de préférence cette personnification de l'honneur militaire, de la gloire éclatante comme du malheur immérité : le grenadier de la vieille garde. Ses chefs-d'œuvre en ce genre, et même, d'une façon absolue, ses chefs-d'œuvre, sont ces deux admirables types, le *Voltigeur* et le *Carabinier*, dans lesquels il a condensé sans s'en douter toute la Grande-Armée. Nous disons *sans s'en douter*, car il n'attachait pas à ces pièces une importance spéciale : elles étaient pour lui deux simples feuilles d'uniformes; encore n'en était-il pas satisfait et allait-il les effacer sur les pierres lorsque Denon l'en empêcha. (Charlet fut toujours très difficile pour lui-même.)

Combe en tête de son catalogue, — alors seulement on connaîtra Charlet. » Il a raison et ces mots contiennent un conseil à généraliser. L'amateur doit tout connaître. Assurément il est libre de restreindre sévèrement le nombre des pièces qu'il admet dans sa collection et de se montrer difficile vis à vis d'estampes qu'il a constamment sous les yeux et avec lesquelles il vit en communion intime. Mais ce choix, il ne doit point se le laisser imposer tout fait : il doit le faire lui-même *après avoir tout vu*. Ce choix doit être le fruit de l'expérience personnelle. On peut être grand collectionneur en n'ayant que dix estampes, mais il faut en avoir manié par centaines de mille.

Le *Voltigeur* et le *Carabinier* font époque dans l'histoire de la lithographie et marquent que le procédé, dans la main de Charlet comme dans celle de son ami Géricault, d'Horace Vernet, de Prud'hon, est arrivé à la puissance d'exécution et donne ce qu'il peut donner. Jusque-là les premiers lithographes (1), gênés par l'idée que la pierre ne permet aucune retouche, l'abordent avec une

(1) Ce n'est pas sans hésitation que nous nous servons du mot *lithographe* : les artistes, en effet, ne l'emploient pas dans le même sens que les gens du monde et le réservent pour un cas spécial. Dans leur bouche, il désigne les dessinateurs sur pierre exclusivement voués à la reproduction des œuvres d'autrui.

On voit reparaître pour la lithographie un antagonisme semblable à celui que nous indiquions plus haut, à propos des graveurs à l'eau-forte et des graveurs au burin.

D'un côté, les *peintres*, qui font de la lithographie originale.

De l'autre, les *lithographes*. Débarrassés des préoccupations qu'entraîne la composition, ou incapables de l'entreprendre, ces praticiens reportent toute leur application sur la perfection du métier. Pour les lithographes, le *grain*, le *grené-fondu* est ce qu'est la *taille* pour les graveurs. De même que, pour ceux-ci, l'on n'est point graveur si l'on ne range ses tailles suivant la formule de l'École, de même, pour les lithographes, on ne sait point lithographier *si l'on ne fait pas le grain*.

Les peintres, par contre, vouent à l'abomination la lithographie du lithographe, du « litho », pour nous servir de leur dédaigneuse abréviation.

Cependant il y a des « litho » chefs de file. Aubry-Lecomte, Sudre, sont les barons Desnoyers de la lithographie.

A leur suite, Grévedon, Julien, Léon Noël, Soulange-Teissier, etc., ont fait du *grain classique*.

Comme *grain romantique*, tout aussi irréprochable au point de vue du « litho », est le grain de Mouilleron, Sirouy, J. Laurens, Vernier; mais ceux-ci ajoutent au métier une liberté d'allure, une fantaisie de crayonnage, quelque chose comme ce que Diderot appelait pour la gravure « le badinage de la pointe » : ils se préoccupent de la couleur, ce que les premiers ont négligé.

Charlet, Raffet, Daumier, Gavarni, qui ont fait d'innombrables litho-

timidité telle que leurs dessins blanchâtres ressemblent à des mines de plomb effacées.

Charlet ne s'est pas contenté de créer le type du grognard poétisé, *vieux brave qui est toujours mécontent, et qui veut toujours l'être, parce que cela lui fait plaisir*, modèle irréprochable, sa mauvaise humeur mise à part. Il a aussi fouillé de près un soldat moins pur, déformé par une longue pratique des tours du métier, traînard, « fricoteur », — on dirait aujourd'hui *chapardeur*, — et moins préoccupé de la gloire que des « carottes » à tirer au paysan et au conscrit.

Il y a un curieux portefeuille d'estampes à faire, rien qu'avec les lithographies dans lesquelles Charlet s'est appliqué à retracer sous toutes les faces son idole : Napoléon au bivouac, — en campagne, — assis au pied d'un arbre, — debout, — vu de face, — vu de dos, — sur son cheval blanc,

---

graphies, ne seront jamais appelés des « litho » ; pas plus que Dévéria, Célestin Nanteuil, Français, Baron, etc., qui ont fait dans la perfection des lithographies, d'après eux-mêmes.

Les plus belles lithographies ont été faites par des peintres, et même un peu au hasard : Prudhon, Géricault, Bonington, Delacroix (ici il faut saluer), Diaz (cinq ou six, mais des bijoux), Gigoux, Eug. Isabey, Roqueplan, etc.; Lemud, le statuaire Rude (une seule, mais d'un grain à rendre jaloux Aubry-Lecomte), Jules Dupré, Decamps : bref, tous les maîtres de notre temps, — Ingres compris, — ont fait du grain sans s'en douter, et mieux que les greneurs de profession.

Faut-il encourager la lithographie des « litho » ?

NON !!!, répond avec un ensemble formidable le chœur des peintres.

Mais il faut souhaiter vivement, ajoutent-ils, que tous les peintres fassent des essais, des études, des portraits, des croquis lithographiques.

— etc., etc. Napoléon traverse tout l'œuvre. Charlet fait-il un alphabet, la lettre N amène tout naturellement Napoléon. Dessine-t-il une feuille de croquis, il ne résiste pas à la tentation de boucher un petit espace resté blanc avec la redingote grise et le petit chapeau. Compose-t-il cette *Maison du garde-chasse* qui est un des plus jolis specimens de paysage (car Charlet fut un paysagiste remarquable, ceci est encore à noter), il y introduit son Empereur. Napoléon figure dans mainte page de ses albums annuels : les plus curieuses sont celles où il est de dimension microscopique : *Le voilà!*, — *C'est lui!*, — *La Promotion*. Quelquefois, ce n'est plus qu'une touche de crayon à peine perceptible, comme dans *On se masse : l'Ancien est là, le père l'enfonceur...*, et cependant on distingue toujours facilement la prestigieuse figure au milieu des bataillons indiqués aussi par un travail d'une incroyable ténuité.

Ces petits chefs-d'œuvre appartiennent à la seconde manière de Charlet, travaillée, délicate, très finie. Parmi les lithographies de cette seconde manière, beaucoup sont des tours de force d'exécution minutieuse.

Et Charlet politique? Charlet ennemi des Bourbons, raillant, sans grande méchanceté au fond, les vieux voltigeurs de l'émigration, ou persifflant les tentatives faites pour amener le soldat aux pratiques religieuses : Charlet acclamant la révolution de 1830 et faisant pour ainsi dire le coup de feu avec son crayon (en attendant qu'il descendît effectivement dans la rue, comme officier de la garde nationale, pour maintenir l'ordre, lors des émeutes qui suivirent), puis se montrant plus agressif contre le nouveau gouvernement qu'il ne l'avait été contre la Restauration; cependant il n'eut pas à s'en plaindre, le gouvernement de Juillet le choyait, et le fit chevalier de la Légion d'Honneur en 1831, officier en 1838, et professeur à l'École polytechnique.

Charlet, pour ses contemporains, fut un autre Béranger. Il faut cependant distinguer. Béranger, tout en chantant Napoléon, fut républicain. Charlet fut bonapartiste. Alors le bonapartisme s'amalgamait au libéralisme : Charlet fut-il libéral? Lui-même a dit qu'il entendait la Constitution comme Napoléon, protecteur de la liberté, *mitigée par un bon nerf de bœuf.* Notons encore quelques-unes de ses maximes : celle-ci d'abord : *Le bon sens des masses est admirable, seulement elles se trompent presque toujours*; — et celle-ci : *Prenez la culotte d'un brave, mettez-la au bout d'un bâton, et enlevez les masses, avec une blague on réussit : gloire et patrie.* Nous voilà fixés.

En tout cas, Charlet n'était pas un naïf : ce n'est pas lui qui aurait eu la conception du « Dieu des bonnes gens ». D'ailleurs, il est comme le grenadier d'une de ses lithographies, « il se sent de la religion » ; non pas qu'il se prive de viser dans ses légendes les calotins, les jésuites de robe courte, les gens dont la carrière est de « fricoter dans la partie religieuse », mais Charlet, le plus militaire des civils, a cette religion du militaire qui ne veut pas partir pour l'autre monde sans avoir fait viser sa feuille de route.

Vue d'aujourd'hui, elle est bien pauvre la politique des lithographies de Charlet (et ajoutons : celle de Charlet lui-même, que sa correspondance nous montre être de la même force). Ce sont de simples idées de corps-de-garde. Pour l'intérieur, peu importent les ministres, pourvu que les affaires soient dirigées par des « troupiers finis ». Pour l'extérieur, tout tient dans l'exclamation qu'il fait pousser par un vieux soldat : *Si j'avais signé les traités de 1815, je me couperais le poing.* Quant à tenir compte des fautes commises, des responsabilités encourues, des nécessités inexorables, c'est trop compliqué.

Charlet, n'en déplaise à l'auteur du catalogue de son œuvre, est loin d'être ici « un philosophe profond et de tous les temps ». Ses lithographies donnent la note de son temps. Cela a son prix. Elles ont eu leur grande influence (1), et ce n'est

(1) Nous entendions un jour quelqu'un s'écrier, moitié riant, moitié sérieux : *Ne me parlez pas de Charlet. Avec ses lithographies, comme*

pas sur ce qu'elles signifient maintenant qu'il faut les juger. Tel trait aujourd'hui émoussé a fait jadis une blessure.

Charlet, à un moment donné, fut une puissance. Il savait parler au peuple, non seulement par le dessin, mais surtout par sa légende.

Il ne se piquait pas de distinction : il posait au contraire pour le plébéien (1). D'instinct, la légende lui venait familière, triviale même, mais colorée, portant coup, éminemment propre à frapper l'esprit du peuple et à demeurer dans sa mémoire.

A cet instinct s'ajoutait l'observation. Il faisait aux mots pittoresques une chasse en règle.

Il emboîtait le pas au soldat, l'accompagnait à la caserne, le faisait causer, provoquait ses saillies. Il notait la théorie de l'instructeur : *Au*

Louis-Philippe avec son retour des Cendres, ce n'est qu'un agent du 2 décembre !

Le fond de la politique de Charlet n'est cependant pas tant le désir d'une étiquette donnée de gouvernement que le besoin de ne pas rester sur un revers. Il aurait pu transformer le mot de Marie Tudor et dire : Ouvrez mon cœur, vous y trouverez écrit Mont-Saint-Jean.

La Providence, qui le fit mourir en 1845 à cinquante-trois ans, fut cruelle envers lui : elle eût pu lui accorder dix ans, le temps de voir le soldat de Crimée.

(1) C'est ce qu'indiquent d'une façon peu voilée ceux qui l'ont connu quand ils écrivent : *Il exagérait avec complaisance les saillies de sa nature plébéienne dont il était fier ; — son éducation avait été négligée, il enchérissait sur ce qu'elle lui avait laissé d'inculte ; — il se montrait ignorant ou dédaigneux des usages du monde.*

commandement de halte! rapportons vivement le pied qui est à terre à côté de celui qui est en l'air et restons mobile; les *cuirs* du tambour-maître : *Papa, maman... papa, maman...*; *Arrondis-moi z'un peu ce poniet z'ave grâce*; *Deux coups de la main droite, et vivement z'au pareille de la gauche*; *Soyons lastique*; la fière opinion d'un ancien : *L'anglais, de sa vie ne pourra rivaliser le français sur l'arme blanche!... jamais!... non, jamais!!*; la saillie du soldat de corvée à la cuisine : *Faudrait un crâne maître d'armes pour crever un œil à mon bouillon!*; l'exclamation superbe du factionnaire grelottant sous la pluie : *Tonnerre de Dieu, en voilà de c'te noble misère, et pas cher!*; l'oraison funèbre d'un invalide couché sous la table ivre-mort : *L'ancien est asphyxié!*; les rubriques du grognard beau parleur, arbitre du point d'honneur, prompt à conseiller aux conscrits *de se rafraîchir d'un coup de sabre*, parce que les duels amènent les réconciliations, et que les réconciliations se font en buvant : *Je suis Français, tu es Français, il est Français, nous sommes tous Français : Chauvin! l'affaire peut s'arranger....* et l'on aperçoit dans le fond le cabaret de la *Carotte d'or*.

Charlet suivit le soldat jusqu'au siège d'Anvers, auquel il assista en amateur, appelé par son ami le général de Rigny. Un jour de mauvais temps, il rencontre un caporal, engage la conversation, le séduit en lui parlant le jargon militaire :

— Savez-vous, caporal, que voilà un tonnerre de temps, et que si vous montez de tranchée ce soir, vous ferez bien de prendre de la paille et de vous ficeler les *fumerons*.

— L'avis est bon, répond le caporal, d'autant mieux que *la* froid de la nuit est *humide et transperçante*, et que nos capotes c'est de mauvais drap, de véritable éponge.

— Vous aimeriez mieux un temps *sèche*, reprend Charlet, plutôt que d'avoir les pieds dans l'eau et d'être *chagriné par le projectile*....

La conversation va se poursuivre à la cantine. Charlet se met à cultiver son caporal. Ce genre de culture, comme on sait, consiste surtout en un arrosage abondant et répété. Point d'histoires, — pour parler comme Charlet, — si le gosier est *sèche*. De cette conjonction d'un caporal et de Charlet naît l'*Histoire du caporal Valentin*, vieillotte et démodée aujourd'hui, précisément parce qu'elle est typique et d'un 1830 achevé.

Il jouait avec les gamins, pour surprendre leurs naïvetés ou leurs espiégleries. Charlet a excellé dans la peinture de l'enfant. Un des premiers il a mis au jour le galopin parisien, *éminemment et profondément libéral*, proche parent de Gavroche, qui après 1830 dit à un autre bambin : *J'te parie quatre sous tout de suite! qu' c'est moi et le p'tit*

Pannotet qu'a proclamé la République! Même que j'ai acheté deux sous de frites, à preuve! Il connaît son esprit insurrectionnel, ne s'étonne pas de le voir demander de la poudre à un artilleur *pour fiche un pétard au chat du maître d'école*, mais il sait quels lendemains ont les révolutions et prévoit que les petits insurgés *seront inquiétés sur leurs derrières!*

Il s'attablait au cabaret avec l'ouvrier, payait bouteille, et le verre en main, tenait tête jusqu'à ce qu'il eût mis son homme au point de lui livrer une légende.

C'est ce que les romanciers d'aujourd'hui appellent « placer son sujet dans des conditions » déterminées, pour tirer de son observation des » résultats prévus ». Charlet, dès 1820, faisait de la légende « expérimentale ». Les modernes ont-ils rien trouvé de plus « vécu » que ce cri qu'il met dans la bouche d'un enfant à la promenade : *Papa, dodo!.... Papa, nanan!.... Papa, caca!*? Pur « document humain ».

Ajoutons-le vite, Charlet, volontiers trivial, répugnait à l'ordure. Qui le croirait? c'est lui qui passe pour l'inventeur du mot de Cambronne arrangé : *la Garde meurt.....*

Par exemple, il ne reculait pas devant le solécisme, et l'a même élevé à la hauteur d'un procédé littéraire. Il en tirait des « effets » : *La froid pique*; — *C'est toujours les mêmes qui tient l'assiette au beurre*; — *Ceux-là qui se bat pour la galette, c'est pas celui-là qui la mange*; — *L'appétit elle est bonne, c'est les jambes y va mal*; etc.

Son triomphe, ce fut le tour proverbial. Beaucoup de ses légendes en forme de proverbes sont restées : *Ce qu'il y a de meilleur dans l'homme, c'est le chien*; — *La morale y perdit un peu, le cabaret y gagna beaucoup*; — *Encore un duel.... faut plumer les canards*; — *J'aime encore mieux être saoûl que bête, ça dure moins longtemps*; etc.

En ce sens, Charlet a fait œuvre d'écrivain. Il est même à remarquer que c'est sous ce côté qu'on l'a presque toujours envisagé. Son fameux tableau, *Épisode de la retraite de Russie*, fut encore, si l'on peut ainsi parler, un succès littéraire.

Bien qu'il ait été refusé à l'Académie des Beaux-Arts, Charlet ne fut certes pas méconnu de son vivant. Mais le moment où son mérite fut le plus exalté coïncide avec la publication du catalogue de son œuvre lithographié. Le colonel de La Combe y faisait connaître la véritable importance de cet œuvre, décrivait les pièces en termes heureusement appropriés au genre du dessinateur, en reproduisait les légendes. Il donnait aussi sa propre opinion, reconnaissait en Charlet « le sceau du génie », répudiait comme indigne de lui l'inévitable comparaison avec Béranger, trouvait dans ses légendes un philosophe profond, un moraliste ingénieux, un littérateur ayant jeté au vent plus d'esprit qu'il n'en faut pour écrire une comédie digne de Molière ou un roman comme *Gil Blas*, un peintre aussi grand peintre que pas un de ses contemporains, *au moins par la pensée* (sic).

La fonction du confectionneur de catalogues ressemble, qu'on nous passe la comparaison, à celle de l'aiguilleur : modeste, mais dirigeante. Le travail de M. de La Combe lança plus d'un esprit sur la voie-Charlet. Delacroix fut frappé et écrivit : « Charlet est de la lignée de ces immor-
» tels railleurs qui s'attaquent au ridicule ou au
» vice plus sûrement que les prédicateurs de
» vertu.... Je n'hésite pas à le placer, pour la
» peinture de caractères, à côté de Molière et de
» La Fontaine. » Les lettres de Charlet, publiées en tête du catalogue, furent jugées « incomparables », dignes de Rabelais [1]. Jules Janin s'em-

(1) Fidèle à notre principe de prendre les artistes comme ils sont, nous acceptons avec un goût très vif le genre d'esprit de Charlet dans ses légendes.

Il nous paruît impossible que le même esprit, appliqué à sa correspondance, c'est-à-dire hors de son œuvre, ne soit pas jugé exaspérant.

Sans doute ses lettres étaient intimes, point destinées à être publiées. Sans doute, elles sont franchement drôles quelquefois. Il n'est pas question de dire que Charlet manquât de verve.

Mais c'était un monteur de scies, un cruel mystificateur d'atelier, à la mode du temps ; un loustic impitoyable, arrivant à faire de cette verve un instrument de supplice pour les autres,— « c'était à demander grâce », disait le général de Rigny, — et il ne sut jamais dépouiller ce personnage de farceur. Plaisanterie à jet continu, toujours, sur tout, au besoin sur la mort d'un ami : *Le père Juhel est tombé mort en sortant de dîner chez moi.*

pressa de dire : *Charlet écrivait les plus charmantes lettres de ce temps-ci.* Ainsi, pour ses contemporains, Charlet était à la fois un Béranger, un

---

C'est le Latour d'Auvergne des fricoteurs : mourir en sortant de table, voilà qui est travaillé! Notez que ce n'est qu'une pose : au fond, Charlet est un cœur d'or.

Il tient à jouer le rôle d'un homme fier de son humble extraction. Partant, soyez sûr que si l'occasion se présente de lâcher une trivialité, il ne la manque pas. La première fois qu'il a vu celle qu'il devait épouser : *elle raccommodait des bas.* Devenue sa femme : *elle n'a pas sa pareille pour le pot au feu, et elle file... doux.* On lui demande quelle est la femme qu'il préfère : *celle qui fait le meilleur bouillon.* A force de jouer à l'homme commun, il le devient pour tout de bon, sa plume s'en ressent, et même son crayon. « Quand il a voulu dessiner une femme de salon, il en a fait une portière », dit M. de La Combe. On ne contracte pas impunément l'habitude du marchand de vins sous prétexte de récolter des mots. De plus, il a un vice invétéré, le calembour : sa correspondance est émaillée de traits de ce genre :

Je t'envoie une bouteille de madère et une PIÈCE DE VINGT... *vers. Je compte sur ton indulgence pour le poète, et* PUSSES-TU LE *pardonner.*

Votre culotte est peut-être en état de diriger les masses mieux que nos modernes MUTIUS CERVELAS.

O Tempus, ô MORUE !

(A son ami Feine). *Homme vraiment rare, que j'appellerai* FEINE AU MAINE (??).

(Au général de Rigny). *Beaucoup de promotions vont avoir lieu, je ne sais si vous aurez votre part du* GATEAU, *vous êtes d'une* PATE *peu* REMUANTE *pour essayer d'être de la* FOURNÉE ; *enfin tant pis si l'on fait des* BRIOCHES, *on devrait se souvenir d'avoir été* ÉCHAUDÉ, *on n'a qu'à* FEUILLETER *l'histoire......*

Ainsi de suite.

« Rabelais eût écrit ainsi, s'il eût vécu de notre temps », dit Delacroix. Eh bien, non. Charlet, capable de commencer sa biographie par cette calembredaine : *né de parents pauvres maisonnettes*, nous fait penser non à Rabelais, mais au marquis de Bièvre.

Ce fut peut-être l'apparition du catalogue de l'œuvre de Raffet qui fit tomber ce que l'enthousiasme pour Charlet pouvait avoir d'excessif et de soufflé. L'auteur de ce catalogue y avait osé qualifier de *triste genre amusant* ces plaisanteries qui faisaient pâmer les portières de la Restauration.

Niez donc le pouvoir des catalogues !

Le Sage, un La Fontaine, un Rabelais, un Molière.

On n'irait peut-être pas aussi loin aujourd'hui. Mais Charlet ne fût-il que Charlet, cela suffirait à sa gloire.

L'œuvre réuni par M. Parguez, et comprenant 1,048 pièces, fut vendu 2,700 francs en 1861; celui de M. de La Combe, 5,300 francs en 1863.

Voici la liste des lithographies de Charlet, aussi brève que possible : nous n'y avons omis, cependant, aucune de ses principales légendes.

Pour plus amples détails, il est indispensable de se rapporter au catalogue admirablement fait, définitif, de M. de La Combe, d'où le nôtre est extrait. Nous avons pris soin d'ailleurs d'en conserver ici le numérotage. (1)

---

(1) En cette matière, nous estimons que reproduire les catalogues déjà faits, en citant leurs auteurs et sans changer leurs numérotages, est la vraie manière de leur rendre justice. *C'est en imposant définitivement son numérotage que l'auteur d'un catalogue prend possession d'un œuvre de graveur.*

Et puis, les complications de numérotages embrouillent tellement les choses que les catalogues prennent un aspect scientifique terrifiant et qu'il semble indispensable, pour s'y retrouver, d'être sorti le premier de l'École Polytechnique.

La preuve. Que croyez-vous que signifie cette formule :

(D. 267. — B. 285. — Cl. 282. — W. 287. — Ch. Bl. 184. — M. 159.)

De la mécanique céleste? De la chimie organique? Pas du tout. C'est simplement *le Bourguemestre Six*, désigné par la série de ses numéros matricules dans les divers catalogues de l'œuvre de Rembrandt!

1. PORTRAITS.

1. Charlet, d'après le buste d'Étex, profil signé *Ch.*

2-7. Jeune garçon, qu'on suppose être le fils de Denon. (Première lithographie de Charlet; une seule épreuve.) — Odry dans *la Leçon de danse.* — M. Canon père. — Le maître de classe des enfants de Charlet, en buste. — Le même, en pied. — Le duc d'Orléans, fils de Louis-Philippe.

8. Une petite lithographie intitulée *Croquis*, et qui représente le prince Louis-Napoléon pendant son procès devant la Chambre des Pairs.

9-18. Napoléon au bivouac, grande pièce. — Napoléon à Iéna, grande pièce. — Napoléon en campagne. — Napoléon, une cravache à la main. — Napoléon, croquis de profil. — Napoléon assis au pied d'un arbre. — Napoléon vu par le dos. — Napoléon sur un cheval blanc qui se cabre. — Napoléon debout sur un rocher. — Bonaparte général en chef de l'armée d'Italie.

2. PIÈCES IMPRIMÉES CHEZ LASTEYRIE.

19-37. Hussard au galop, le sabre à la main.— Deux hussards au galop, le sabre à la main. — Voltigeurs en tirailleurs derrière une palissade. — Lanciers au bivouac. — Canonniers près d'une pièce en batterie (une seule épreuve). — Poste avancé. — Première idée du Poste avancé (une seule épreuve). — Colonne d'infanterie en marche, grande pièce. — Colonne d'infanterie en marche, très grande et belle pièce (une seule épreuve). — La Consigne. — Les Invalides à la pêche. — Cuirassiers chargeant. — La Bienfaisance, l'Hospitalité, 2 p. — La Conversation. — La Bienvenue. — Le Décrotteur. — Les Quatre Mendiants.

38. LE GRENADIER DE WATERLOO, première planche; rare, la pierre s'étant cassée. (Pièce célèbre, ainsi que les suivantes.)

39. Le Grenadier de Waterloo, deuxième planche : ici l'épée de l'officier anglais passe devant la tête d'un homme mort, et non plus au dessous.

40. LES DEUX GRENADIERS DE WATERLOO : *Malheureux vous ne savez donc pas mourir !*

41. Combat entre des Français et des Anglais (une seule épreuve).

42. Le Drapeau défendu.

43. Les Français après la victoire.

44. La Mort du cuirassier.

45-50. Les Deux Tambours se disputant (une seule épreuve). — Invalide la pipe à la bouche. — Les Deux Invalides mutilés. — Le Joueur de marionnettes. — Les Maraudeurs. — Les Invalides en goguette.

51. Le Grenadier manchot. (Une seule épreuve existe du premier état, avec la légende *Ils sont morts pour la patrie.*)

52. La Pièce de canon enlevée. (De toute rareté.)

3. PIÈCES IMPRIMÉES CHEZ DELPECH.

53. M. Pigeon en grande tenue. — 54-55. Deux prisonniers russes amenés devant un officier français; — Prisonniers autrichiens. — 56. Le Vin de la Comète. — 57. Le Peintre d'enseignes. — 58-61. Que dit-on?...; — On dit...; — On dit (première pierre, cassée après peu d'épreuves); — On ne dit rien. — 62. Ils s'en vont... — 63. Il faut en rire. — 64. Je boude avec les blancs. — 65. Gaspard l'avisé partant pour l'armée. — 66. Infanterie légère montant à l'assaut. — 67. Siège et prise de Berg-op-Zoom à la Petite-Provence. — 68. Courage, résignation.

69. Le Caporal blessé, et son chien lui léchant sa blessure (rare : pièce célèbre).

70. Mendiants. — 71. Grenadier assis avec un enfant. — 72-73. Braconnier; les Gueux (sur la même feuille). — 74. Le Soldat français, (grande pièce, rare). — 75. Petit paysan en goguette, une hotte sur le dos, (croquis, trois épreuves). — 76. Cuirassier français portant un drapeau. — 77. Le Menuet. — 78. La Gamelle compromise. — 79. La Cuisine au bivouac. — 80. Délassement des consignés. — 81. Vieillard montrant le portrait de Cambronne à ses enfants (très rare). — 82. Au maréchal Brune. — 83. L'Instruction militaire. — 84. Le Soldat musicien. — 85. Le Marchand de dessins lithographiques. — 86. Les Maraudeurs.

87. L'Aumône (pièce célèbre).

88. Jeune soldat se découvrant devant un invalide. — 89. A moi! les anciens (très rare). — 90. Appel du contingent communal. — 91. Le Quartier général.

4. PIÈCES IMPRIMÉES CHEZ MOTTE.

92. Les pénibles Adieux. — 93. Saint Georges poursuivant la femme innocente (pièce sur le procès de la reine Caroline d'Angleterre ; rarissime). — 94. J'attends de l'activité. — 95. Toi !... Oui, moi ! — 96-97. Entrée, ou Milord Gorju ; Sortie, ou Milord La Gobe.— 98. Je l'ai gagnée à Friedland. — 99. Les Consignés prenant les armes pour la corvée du quartier. — 100. L'Ouvrier endormi (trois épreuves). — 101. Doucement, la mère Michel. — 102-103. L'intrépide Lefebvre ; — C'est mon père.—104. Soyez plutôt maçon si c'est votre métier. — 105. Réjouissances publiques. — 106-109. Siège de St-Jean-d'Acre (première idée, deux épreuves ; — autre dessin avec Bonaparte au milieu ; — la pierre retouchée, Bonaparte a la main sous son habit ; — la planche retouchée par Champion).

5. COSTUMES MILITAIRES PARUS PAR SUITE.

110-126. Suite de 17 pièces in-4, sans cadre, imprimées chez Lasteyrie, 1817-18. (Rare.)

127-154. Suite de 28 pièces, numérotées, grand in-8 (19 cent.), entourées d'un trait carré, imprimées chez Delpech, 1817-18. (Rare complet.)

155-156. Dragon d'élite, armée d'Espagne ; — Grenadier à pied de la vieille garde ; 2 p., chez Delpech.

157-186. Suite de 30 pièces, numérotées, in-4, avec trait carré, imprimées chez Delpech, 1819-20.

187-201. Douze pièces représentant des costumes d'infanterie, armée de 1809, numérotées en partie, in-4, avec trait carré (rares). — Plus trois autres pièces (rarissimes) qui sont des essais, imprimées chez Motte, 1821-22.

202-203. Grenadier à pied de la garde impériale ; — Dragon d'élite ; 2 p. à la plume, chez Villain, 1822.

204. Infanterie légère française : CARABINIER.

205. Infanterie légère française : VOLTIGEUR.

Ces deux grandes lithographies, imprimées chez Villain en 1822, sont les deux pièces capitales de l'œuvre.

On peut en voir deux superbes épreuves exposées dans la salle d'entrée du Cabinet des Estampes.

206-208. Costumes de la garde nationale, 3 pièces imprimées chez Villain, 1827.

209-217. Costumes militaires antérieurs à la Révolution.

218-264. Napoléon et la Garde impériale. Frontispice-prospectus, première idée (rarissime). — Frontispice-prospectus et 35 pièces publiées, (trois ou quatre avec la collaboration de Raffet).

Plus, 9 pièces inédites (rarissimes) et une première idée de Napoléon à l'École militaire.

(On publie cette année même (1885) une réimpression de cinquante costumes militaires de Charlet, (J. Cahen, édit.), au prix de 200 fr. sur japon extra-fort, 100 fr. sur japon, 40 fr. papier teinté.)

6. Pièces détachées, imprimées pour la plupart chez Villain. 1820-1844.

265. Nymphe de la Tamise (marchande de poisson, dessinée à Londres en 1820, lors du voyage que Charlet y fit avec Géricault. Très rare.) — 266. Bonaparte factionnaire. — 267. La Boule de neige (le roi de Rome). — 268. Cet homme a bien mauvais genre! (Très rare.) — 269. Le Pauvre Diable. — 270. Vve la France : n'oubliez pas cette pauvre veuve. — 271. Les Quilles. — 272. Elle n'admet point de remplaçant. — 273-274. 1810, Impiété ; — 1820, Piété (Triomphe de la Religion). — 275. J'obtiens de l'activité.— 276. Il m'en reste encore un pour la patrie. — 277. Aux vieux grognards, le tailleur de pierres reconnaissant. — 278. Vous croisez la baïonnette sur les vieux amis ! vous n'êtes donc plus Français ? — 279-280. École du balayeur ; — Voilà pourtant comme je serai dimanche.

281. Adieu fils ! je t'ai revu... je suis satisfait. — 282. L'École de village. — 283. Le beau bras ! c'est comme l'antique. — 284. J'aime la couleur. — 285-286. Comment faire ? ; — Dissimulons. — 287. Paie, et tais-toi. — 288. Louis XVIII : mes chers enfants, je vous porte tous dans mon cœur (pièce satirique très rare). — 289. Entrez, entrez chez Gihaut. — 290. Le soleil luit pour tout le monde.

291. Je suis innocent, dit le conscrit. Par le flanc droit, répond le caporal. (Belle pièce.)

292. La Manie des armes. — 293. Réjouissances publiques. — 294. Vieillard méditant devant une tête de mort.

295-297. Promenade à Belleville de Mme Durand, Coco, Fifine, Azor, Polichinelle et M. Durand; on aperçoit le petit cousin, papa! dada! — Papa! nanan!... papa! caca! — La même pièce, premier dessin.

298. Le laboureur nourrit le soldat, le soldat défend le laboureur! (Belle pièce.)

299-300. Le premier coup de feu; — Le second coup de feu.

301-302. Jeune, j'avais des dents et pas de pain; vieux, j'ai du pain et pas de dents. — Le même sujet, refait.

303. L'Insubordination : Si les mieux habillés vont toujours être les générals, j'leurs y fiche des calottes.

304. Elle a le cœur français, l'ancienne! (la mère de Charlet).

305. Ils sont les enfants de la France! (les enfants du général Foy).

306. Est-ce un dindon? — 307. Le Billet de logement : Allai, suivai.... allai... marchai... etc. — 308. Ah! quel plaisir d'être soldat!

309-310. Au commandement de halte! rapportons vivement le pied qui est à terre à côté de celui qui est en l'air, et restons mobile! — Au commandement de pas d'observations! tu renfonces simultanément ton discours, en partant vivement du pied gauche, la pointe du pied basse, le jarret tendu, et les genoux d'aplomb de sur les hanches.

311. Capitaine, j'ai des faiblesses! — 312. Honneur au courage malheureux! — 313. Votre gaz, c'est l'anarchie... etc. (rare). — 314. Tête d'homme effrayé. — 315. Scène d'intérieur. — 316. Ah! si j'étais de la police, comme ce drôle de Jupiter la danserait. — 317. Dis donc, tambour-major des incurables, tu devrais bien acheter les serpents de ta paroisse, ça te ferait encore une jolie paire de bottes. — 318-319. Lieutenant, je cherche du fourrage pour mon cheval.— Première idée de cette pièce.— 320. Saint Jérôme. — 321. Sire, c'est à Austerlick que j'ai été démoli. — 322-323. Feuilles de croquis. — 324-326. Feuilles de croquis. — 327-330. Croquis. — 331. Jeune femme.

332. Le gamin éminemment et profondément libéral (le mot *libéral* remplacé ensuite par celui de *national*).

333-334. L'Allocution (28 juillet 1830). Polignac a mis la broche, y n'mangera pas le rôti : enfants, veillez au grain, soignez les pénitents ! du bon coin, tel et raide d'hauteur ! et quand nous aurons secoué le panier aux ordures, si la France nous doit plus qu'elle ne peut nous payer, nous lui ferons crédit. — Première idée de cette pièce.

335-336. Le Tailleur de pierres. — La même pièce, avec variantes, sans aucun nom. — 337. J'te parie quatre sous tout de suite ! qu' c'est moi et le petit Pannotet qu'a proclamé la République.... etc. — 338. Pingard et Buchette faisant la partie d'aller demander du pain ou la mort. — 339. Charge de chevau-légers. — 340-341. Essai de manière noire. — 342. Marche de lanciers sur un champ de bataille ; dans le fond, l'Empereur. — 343. Vieux pâtre assis près du tombeau de sa fille. — 344. Quand tu fais des poires sur tes cahiers, tâche au moins de me faire la queue (pièce politique). — 345. Comme flûte, je suis avant Tulou par rang d'ancienneté. — 346. Costumes du Moyen-Age.

347. Jacques-Vincent Ier, fondateur des Frileux (1838).

(Billoux, « l'homme puissant », l'énorme Billoux, a laissé des souvenirs au Ministère de la Marine, où il fut employé. Il avait perdu un œil et gagné la croix dans la campagne de 1814. Ses chefs le notaient employé zélé et « homme d'esprit ».

Il faisait partie d'une société qui fit quelque bruit en son temps : la *Société des Cochons* (sic), dont les membres étaient tenus, dit-on, de rivaliser entre eux d'imaginations scatologiques. On raconte sur eux des histoires à se boucher le nez.

Mais c'est de la légende. En réalité, c'était une réunion de gens d'esprit, et il ne faut pas prendre cette malpropreté d'apparat plus au sérieux que les initiations terribles de la franc-maçonnerie.)

348-349. Soldat sous la République ; — Soldat sous Louis XV. — 350. Deux élèves de l'École Polytechnique. — 351. Le Magister de notre village. — 352. Campagnard à cheval au galop.

353. 1840 : Chacun chez soi, chacun pour soi ; on ne dit plus : est-il honnête homme, a-t-il du mérite ? on dit : fait-il son affaire, a-t-il de l'argent ? (grande pièce).

354. Le plus délicieux et le plus ailé des bizets, fricoteur récalcitrant et drôle de corps.

355-356. Le maître de ceux qui n'en veulent pas, ouvrage à la plume pour dessiner sans apprendre et savoir sans étudier : par Charlet, professeur à l'École royale polytechnique. — La même pièce, premier état avec griffonnements (très rare). — 357. Feuille de croquis.

358-360. Cinq Mai ! la prière du vieux soldat. — Première idée de la pièce précédente (très rare). — 15 Août ! nobles souvenirs.

7. Griffonnements, pièces diverses non terminées. 1817-1840.

361-436. Croquis divers. — Vignette au crayon pour en-tête d'invitation aux Festins de Balthazar et aux Banquets du gymnase lyrique. — L'Empereur et le grenadier. — Soldats, mendiants, têtes diverses, croquis. — Billoux dans une balance. — Billoux dansant sur la corde. — Billoux faisant la parade ; etc., etc. (Voyez, pour plus de détails, le catalogue La Combe.)

8. Pièces faites avec le concours d'autres artistes. — Pièces tirées de divers recueils. — Titres pour romances.

437-444. Paysages faits avec le concours d'autres artistes.

445-448. Combat de la rue St-Antoine, 28 juillet 1830. — Le Pont d'Arcole (28 juillet). — Prise du Palais-Royal. — Le Peuple à la caserne des gendarmes. (Pièces faites avec Jaime. Suite interrompue.)

449. L'Arabe et son coursier. — 450. Le Grenadier de la garde nationale. — 451. Napoléon et le factionnaire : *Ces b......-là croient qu'il n'y a plus qu'à nous avaler ! Oh oh ! ça n'ira pas comme ça, nous nous mettrons en travers* (vignette). — 452-454. Lafont, rôle de Jean. — 455. Piast.

456. Assez causé, la fumée de tes discours me fait mal aux yeux. — 457. L'Hôtellerie. (Pièces parues dans *la Silhouette*.)

458-459. C'est lui ! (très jolie pièce, sur Napoléon). — Première idée de cette pièce. — 460. Le fusilier Pacot. — 461. En v'là un que j'ai repêché auprès du palais archipiscopane : j'crois bien qu' c'est du latin ; ça doit être des bêtises, des histoires d'il y a six mille ans, du temps de Barrabas, qu' c'est pas vrai, mais qu'ça fait rire. (Pièces publiées dans *la Caricature.*)

462. 1814 (Napoléon).— 463. 1810 (Napoléon).— 464. Croquis. — 465-466. Je puis mourir maintenant, j'ai revu mon vieux drapeau. — Première idée de cette pièce. — 467. Grenadier des légions polonaises. — 468. A! B! C! — 469. Ah! le beau nez, ça saute aux yeux.— 470. Les Enfants de la bonnetière. — 471. Lanciers en campagne. — 472. Croquis. (Pièces parues dans *l'Artiste.*)

473-475. Méthode Tirpenne, cours de figures de genre par M. Charlet.

476-503. Vignettes pour romances : *Le Petit Vinaigrier* ; — *Repose-toi, mais ne te rouille pas* ; — *Le Tambour-Major : Je ne suis plus Jean-Jean* ; — *Les Vieux Souvenirs* ; — *Foi de cuirassier, j'te serai sincère* ; — *Son navire est parti! — Chant des Compagnons* (épisode de Juillet) ; — *Le Vrai Moutard de Paris* ; — *Chant funèbre* sur la mort de Juhel père (les couplets par Billoux et Charlet) ; — *Un vieux Soldat* ; etc., etc.

9. ALBUMS LITHOGRAPHIQUES, 1822-1837.

534 à 999 du catalogue La Combe, auquel nous renvoyons pour l'indication d'un certain nombre de pièces existant en double, à l'état de première idée.

Recueil de croquis à l'usage des petits enfants, 1822. (Gihaut). Frontispice et 10 lith.

Croquis lithographiques, 1823 (Gihaut). Titre : Quand il n'y en aura plus, il y en aura encore. — 1. Prendre le temps comme il vient et la soupe comme elle est. — 2. Vous êtes des braves, ça ne finira pas comme ça. — 3. Artillerie légère allant prendre position. — 4. Chut! — 5. La forme avant la couleur (pièce bien connue : il y en a une variante dont le colonel de La Combe signale l'épreuve unique).— 6. Laissez-m'en donc un, mon ancien. — 7. Rêver d'ours vous donne quatorze, etc.— 8. Le petit Malheureux.— 9. Le Braconnier. — 10. Sa pauvre petite femme est bien à plaindre. — 11. Il veut s'engager grenadier à pied.— 12. Le guide est à gauche. — 13. La froid pique. — 14. Les Croisés en prière. — 15. Seriez-vous sensible. — 16. Charge de cuirassiers (en présence de Napoléon).

Croquis lithographiques, 1824 (Gihaut). Frontispice : C'est la fin du monde. — Le petit trapu est fièrement rageur ; le grand est mince , mais c'est tout nerf. — Il méconnaît un ancien camarade. — J'en mangerais dix comme toi. — J'ai vu le Nil et la Bérésina. — Un homme qui boit seul n'est pas digne de vivre. — N'apporte qu'une bouteille d'eau-de-vie pour ma compresse ! — Tu as la respiration trop long. — Adieu, bannissez toute sensibilité importune ! — Discours du légionnaire à ses enfants : vous serrez en masse sur les vivres, la besogne reste en serre-file; je vous ferai fusiller tous ! et nous verrons ensuite — Combat d'infanterie. — Oh, les gueux ! — Le lendemain du mardi-gras. — Je m'appelle César. — Krafft et Braun, ou les victimes de la séduction. — Guérillas navarrais.

Cahier de fantaisies, 1824 (Frérot). — Je voudrais avoir mon portrait tout fait, avec deux cœurs enflammés ! — Estimé de ses chefs, adoré de ses camarades. — Je mé pas assez méfié de la payse. — Je demande la suppression des porteurs d'eau ! — Donnez-moi-z'en un , pourvu qu'il soit français !

Fantaisies, 1824-1827. Huit cahiers de quatre pièces.

L'appétit elle est bonne : c'est les jambes y va mal. — Écris à ma respectable mère que je suis à l'hôpital et qu'elle m'envoie de l'argent vivement. — Soutiens-moi , Chatillon , je m'évanouis. — Y n'veut pas m'mener chez Desnoyers.

Ma femme est morte. — Ça vous porte des chapeaux , et ça n'a peut-être pas de chemises. — Fantassin, je n'aime pas ta musique, non plus que ton physique. — Faut soigner les anciens.

Enfoncé, troupier, mais toujours français, et cruellement français — Il est vraiment français. — La politesse est fille de l'honneur. c'est vous dire qu'elle est française. — Je suis français, tu es français, il est français, nous sommes tous français, Chauvin, l'affaire peut s'arranger.

Vive les pommes de terre. — Y en a toujours eu , y en aura toujours, des cruches ! — Camarades , nous sommes deux paroissiens qui venons de pomper. — Pour la tenue et l'amabilité, aux pompiers le pompon.

Conscrits, vous vous devez un coup de sabre, soyez français. — Ne bois pas un litre, si tu n'as que la monnaie de chopine, a dit Fénelon. — L'amputé farceur : perdre une quille, c'est rien ; mais la boule, c'est tout ! — Je vous présente madame mon épouse.

La bonne Chasse. — Mari honnête. — Les bonnes Voisines. — Il fait l'admiration de la grande Cathelaine.

Les hommes font les décorations, et les décorations ne font pas les hommes. — Les Ouvriers français : les Grecs sont français, le malheur parle, faisons une bonne action de plus et buvons une bouteille de moins. — J'ai été riche, j'ai eu des chevaux, j'ai marché sur les malheureux, et me voilà... philosophe. — Quitte le galon de la servitude, et reprends le galon de l'indépendance.

Le camarade met de l'eau dans son vin : suffit, assez causé. — Ça va bien. (Le catalogue de La Combe donne la première légende, non autorisée : *Le rentier bien pensant, tranquille à 5 p. %, peut devenir un diable à 4.*) — J'ai perdu ma barbe... etc. — Où il y a de la gêne....

Album pour 1825. — Titre : Le Diable emporte les albums. — Je voudrais tant seulement être le polichinelle.— Épicure, Anacréon étaient des pompiers, mais bien avant la révolution. — Votre fils ira loin. — Vous n'auriez pas vu mon pauvre chat ? — Je grogne, c'est mon idée, ça n'empêche pas les sentiments. — Voltaire, troupier fini, ses ennemis sont des infirmes. — Un jour de bonheur : garçon, omelette au lard avec du suc ; vin de Madère sèche, bien sèche. — Monsieur le commissaire, c'est pas moi, c'est eux qu'a commencé par attaquer mon honneur ! — Le bon mari, c'est un dindon qu'il apporte. — Hercule filant aux pieds d'Omphale. — Pour mettre le beurre dans les haricots, un temps, deux mouvements. — Caporal Pitou, comptez sur moi, si l'on se met en patrouille. — Mohamed Hassan Chalabafka ; il se rafraîchit après avoir tranché la tête à plusieurs esclaves qui s'étaient permis de rire. — Voilà encore un duel, plume, Jean, plume. (Pièce refaite avec ce titre célèbre : Voilà encore un duel, faut plumer les canards.) — Le Duel : qu'il est doux pour un témoin de rendre un fils à son père! — Il y a peut-être un ancien artiste parmi eux .. etc. — La Femme béarnaise...

Sujets divers, 1825. — Si l'bourgeois y est pas, les presses y n'va pas, voyez chez le marchand de vins (portraits de Bellangé et Philipon). — Mademoiselle Félicité, je ne puis déployer l'énoncé de mes sentiments, si vous n'appuyez d'une file à gauche. — La Femme féroce. — J'te donne de quoi que j'ai... tu m'donneras de quoi que t'aura. — J'suis tambour, vieille garde, j'me rends pas. — La Surprise. — Bivouac d'infanterie. — Pousse, pousse, Cadet!

Album pour 1826.— Titre : Défenses sont faites de déposer aucun album le long de ce mur. — 1. Carabinier, ma défunte me revient. — 2. Charmante Gabrielle.... etc. — 3. Le papillon léger est l'emblême d'un cœur qui s'ennuie dans le centre et devient voltigeur.— 4. Alli, alla, alala, la tête! — 5. Il est trop farceur, le sergent : Caporal, je vous demanderai une prise.— 6. Monsieur Pigeon solliciteur.— 7. Quel est ce port d'armes de farceur, n° 1 ? ayons donc la tête et les yeux à quinze pas, et mobiles! — 8. Assez causé, on va se rafraîchir d'un coup de sabre. — 9. L'épicière a encore les yeux rouges ; ah les gueux de maris, l'coq civil est trop doux pour les hommes qui bat les femmes! — 10. Tu es français, ou tu n'es pas français ; si tu n'es pas français, j' t'enfonce. — 11. Le Navarrais. — 12. Les trois conspirateurs : soyons prudents, laissons faire le temps ; taisons-nous. — 13. L'École chrétienne. — 14. Ces petites gens du second, ça entre, ça sort, ça ne dit rien à personne ; ça ne peut être que d'la canaille. — 15. Sapeur, c'est fini, plus de carottes ; chacun son écot, comme tout français la doit. — 16. Le petit caporal. (Ce sont des enfants qui jouent.) — 17. Ça fait son sage, ça fait comme si qu'ça étudie, ça espionne tout c' qu'on dit pour aller caponner. — 18. Marche de troupes françaises dans les Pyrénées. — 19. La Maison du garde-chasse. (Très belle pièce, où est représenté Napoléon.)

Croquis à l'usage des enfants, 1826.— Titre : Je vous ferai un procès-verbal. — 1. Plus de férules, plus de bonnets d'âne, plus de martinets! — 2. Ceux à qui on donne, faut pas les éveiller. — 3. Vous ferez le carnage des Turcs, mais vous ne taperez pas par terre. — 4. Si tu veux pas être le cheval chacun mon tour, faut pas qu' t'en jousse! — 5. On ne tape pas sur les doigts, c'est pas de jeu. — 6. Avec sa fraîche de blouse y ne sait jamais ses leçons ; il a toujours des billets de contentement ; il est riche, v'là la malice! — 7. Son cousin l'embrasse joliment, notre bonne. — 8. Monsieur, nous avons un grandissime mal de tête, voulez-vous nous permettre de nous en aller? — 9. Mettez-vous les petits voleurs en prison chez vous? — 10. Le Déserteur. (C'est une petite fille.) — 11. Le franc gamin : Toi, m'sieur l'épicier, y m'faut d'la bonne réglisse, ou je te calotte. — 12. Y dit que vous avez une jambe de bois de naissance. — 13. Frère, faites donc finir l'école mutuelle ; y nous fichent des grandissimes coups de pieds et nous appellent cornichons !

Album pour 1827. — Titre : Débit d'albums avec procédés nouveaux. — 1. Toi t'es riche, mais t'es bête ; toi t'es pas riche mais fièrement malin ; ça fait chacun mon compte. — 2. Ceux-là qui se bat pour la galette, c'est pas celui-là qui la mange ; il attrape des bons coups, et pis c'est bon ! — 3. Avant la Révolution, un enfant ne se serait jamais permis d'appeler son maître singulier masculin. — 4. Qui compte sans sans son hôte peut se tromper. — 5. Dieu vivant, brûler Voltaire, quand on a des bûches sous la main, et de fameuses bûches. — 6. Les charbonniers appellent ces jambes-là des fumerons. — 7. C'est pas des jambes ça, c'est des fumerons. — 8. Les farceurs de ma compagnie disent qu'étant huissier, je devrais être fort sur les commandements. — 9. Marche de troupes dans le pays basque. — 10. Mon mari les aime singulièrement, les lanciers. — 11. L'ancien est asphyxié. — 12. Tu vois Austerlitz au moment du tremblement ! voilà Rapp qui dit à l'Ancien : toute la boutique est enfoncée, le Français se couvre de lauriers sur toute la ligne.... Soldats, je suis content de vous, dit l'autre. — 13. Si j'étais votre caporal, voyez-vous, je vous mettrais bien en faction. — 14. Les vieux français auront bien du mal, mais ils ne périront pas ! — 15. Sergent, conservons nos distances. — 16. Frère, y s'a moqué des censeurs, et y lieurs a montré c'que je n'veux pas dire. — 17. Voilà mon fourrier, M. Binet, le chandelier du coin, qui complimente le sergent-major sur sa décoration, il aura la pratique. — 18. Comment, vieux troubadour du camp de la Lune, tu me fais un œil qui n'est point à son chef de file et un nez qui n'emboîte pas,... etc. — 19. L'Embuscade.

Album pour 1828. — Titre : Le public a obtenu justice, les scélérats n'en feront plus, des albums ! (Charlet et Bellanger sur des bûchers). — 1. Lancier français repoussant une mauvaise charge. — 2. Dans les cortèges, tous les ceux qu'est en or vaut plus que celui qui ne sont qu'en argent, toujours ! — 3. Dans Vermandois infanterie, on avait sa tente ! — 4. Major, c'est la goutte qui vient de me tomber dans les jambes. — 5. Madame Tartare. — 6. Quoique fautive, j'aime encore mieux être soûl que bête; ça dure moins longtemps. — 7. J'suis pris d'là, j'suis poitrinaire, ma trop respectable mère m'envoie quinze francs et de la castonade pour refaire mon cuir; elle est française, ma mère! — 8. Le Convalescent. Allons, père Guérard, faut vous r'mettre au verre, faut réhumecter cette vieille estomach qu'est sec. — 9. L'Aveugle. Tu vas demander à cette vieille dame en robe noire, et en avant le cantique des lépreux, chaud, chaud. — 10. Cré coquin, j'les haï-t-i, les maîtres; si j'étais gouvernement j'voudrais qu'tout l'monde y sache bien écrire, pour qu'il n'y en aurait pas. — 11. Un caporal trop aimable, du centre : si Vénus vend des brioches, c'est le pain d'amonition de l'amour, qu'on peut dire, en métamorphose relatif! — 12. Il est humain, il est français, le petit trompette! — 13. La Conversation. — 14. Le Bulletin de Navarin. — 15. Diable vous emporte, vous tirez dans les échalas et vous ne me voyez pas? — 16. Mon cher, je vais faire comme toi, reprendre le civil et rentrer dans mes foiliers respectives.— 17. Route de Saint-Jean-Pied-de-Port.

Croquis et pochades, 1828, 18 pièces (L. 707-725).

Album pour 1829. — 1. La chasse demande à être bien gouvernée.— 2. La Promotion.— 3. Le Dessin.— 4. L'Arithmétique.— 5. C'est juste mon capitaine, mais c'est le caraco: je lui demande du feu pour allumer ma pipe, et y me donne sa bourse. — 6. Je suis prêt. — 7. O ma Denise, que ne peux-tu voir un époux abreuvé de douleur et priant pour le repos de ta cendre. — 8. Es-cuirassier z'au 4ᵐᵉ, Austerlick, Iéna, Friedland, Wagram. — 9. La Morale. — 10. La Barricade (scène de la Ligue). — 11. Citoyen chef de brigade, le Kinserlick n'aime pas la baïonnette non plus que les assignats.— 12. Pauvre honteux.— 13. Qui vive? Patrouille grise. — 14. C't'hardiesse;.... ah! monsieur l'callognié, donnez-moi z'en un peu, d'la poudre, pour fiche un pétard au chat du maître d'école.— 15. Le lapin est timide et nourrissant... etc. — 16. Si la justice était juste, on pendrait tous ces guerdins d'hommes qui n'est bon qu'à tromper les pauvres femmes qu'est trop bonnes!

Album pour 1830. — 1. Le Père Broussaille. — 2. J'm'bats pas; le plus souvent, que j'vas m'faire calotter.... etc. — 3. Oui, qu'j'peux m'en vanter et qu'encore j'lai gagnée à l'école mutuelle, moi, la croix : et qu'c'est les bonnes! Et vous, c'est y à la mutuelle que vous l'avez eue? — 4. Les deux Coqs. — 5. L'Hospitalité. — 6. Il y aura de la baisse, Bijotot mon ami, écoulez vos huiles et méfiez-vous de la cannelle. — 7. Faut du tempérament. — 8. Tout ça ne vaut pas mon doux Falaise ! on n'y voit point seulement un pommiei, dans ce pays de malheur ! — 9. J'aime les enfants, moi. — 10. Les Confrères : nous venons d'enterrer l'ami Frérot.... convoi de cent vingt couverts. — 11. Les Héritiers.— 12. Les Français ne supportent point l'humiliation : tambour-maître, nous n'avons plus le pompon ! !... etc. — 13. La vie est une garde qu'il faut savoir monter proprement et descendre sans taches. — 14. Le brigadier Petremann. — 15. La Carte des convalescents. — 16. Le Satané Farceur. — 17. Caporal, v'nez reconnaître.

Fantaisies, 1831. — 1. Rindzinglin....' — 2. Le Défilé (Napoléon et les chasseurs de la garde). — 3. Napoléon (assis au pied d'un arbre). — 4. L'Action (Napoléon sur son cheval). — 5. L'Artiste : cré nom d'un petit bonhomme, c'est-y ressemblant ! — 6. Deux croquis. — 7. Le Moulin de Jemmapes. — 8. Marche de troupes. — 9. Hutinet. Quand il a fait les montagnes, le Père éternel, bien sûr que s'il avait pris l'sac sur le dos y n'z aurait pas fait si hautes. — 10. (sans légende). — 11. L'eau va-z-à la rivière, c'te pas grand' chose de Duché, la v'là qui va toucher la pension de c'que son pauvre homme s'est fait tuer le vingt-huit Juyet, ça n'en a aucunement d'besoin. Mon guerdin n'a pas eu c'te bonne idée-là, lui, l'scélérat, d'se faire tuer.— 12. Le temps de manger la soupe, et l'on va vous resoigner le cuir. — 13. Dragon d'élite en vedette. — 14. Aurons-nous la guerre. — 15. La Révolution fera le tour du monde. — 16. Caporal, hors la garde, c'est un ennemi... etc.

Fantaisies, 1831. — 1. C'est toujours les mêmes qui tient l'assiette au beurre : ça fait que la Révolution n' s'a pas encore introduit dans les z'haricots. — 2. Moi j'le respecte, mais j'm'en sers pas, du culte, quoiqu'il peut être bon en soi-même pour les gens faibles de son être, comme aussi pour un tas de vieilles bonnes femmes, qu'elles sont mauvaises comme la gale. — 3. (Croquis.) — 4. Un ancien des anciens. — 5. (Croquis.)

Album pour 1832. — 1. Le Charbonnier. — 2. Fortune, voilà de tes coups. — 3. Où est le fléau de l'armée ? Il est dans le maraudeur, dans le fricoteur, tous brigands qu'il faudrait faire fusiller ! — 4. Voilà peut-être comme nous serons dimanche. — 5. Sœur Ursule, je sens qu'il faudra bientôt passer l'arme à gauche, attendu que le Père éternel ne veut pas prolonger mon permis de séjour. — 6. Le Misanthrope : on peut mépriser souverainement l'espèce humaine, mais cracher sur les vendanges, jamais ! — 7. Quand on ne sait point son chemin, on n'se met point z'en route. — 8. O amour! — 9. Le petit Philosophe. — 10. Tonnerre de Dieu! en voilà de c'te noble misère, et pas cher! — 11. Oui, méchant môme, t'es t'un intriguant, c'est c'qui fait qu' t'es c'que t'es. — 12. Tu as le droit de faire ta corvée, un ministre n'a même pas le droit de t'en empêcher, car tu as le droit de lui dire, je ne vous connais pas, je ne connais que mon brigadier Champin.

Fantaisies, 1832. — 1. La copie est originale. — 2. Napoléon disait : un instant, les voisins, faut pas qu'ceux qui vont au feu tournent la broche, pendant que les fainéants mettront la patte sur l'rôti et que les travailleurs se brosseront le ventre. — 3. Vous feriez un joli tambour-major, si vous n'étiez pas greffé sur du martin sèche. — 4. Vois-tu Méret, voilà l'histoire. Supposition ; t'es rien, c'est bon, ah le bon garçon : c'est très-bien, vive Méret. Présupposons qu'tu deviens caporal, alors c'est plus ça, t'es un chien, un gueux, à bas Méret! Tu t'fais casser, bien, alors tu redeviens le bon garçon, t'es une victime, vive Méret, c'était l'père de l'escouade, l'ami de la chambrée, le modèle des caporaux ; la France est trahie !

Souvenirs de l'armée du Nord, album pour 1833, vingt pièces. (L. 799 à 819.)

Album pour 1834. — Titre (un enfant de troupe). — 1. Sentinelle, prenez garde à vous. — 2. Un morceau de pain sur la terre vaut mieux qu'une brioche dans le ciel. — 3. De quoi? travailler, bon pour des feignans. Vive l'émeute, vive le vin, vive l'amour, et les institutions qui assureront mon avenir! — 4. Napoléon (à cheval). — 5. On se masse : l'ancien est là, le père l'enfonceur. (Très jolie pièce, où se reconnaît Napoléon.) — 6. Une Histoire de tranchée. — 7. La Soupe. — 8. Que faites-vous donc, l'abbé? Sire, je fais comme vous, je brûle les denrées coloniales. — 9. Voilà, je vous introge, taise-vous. Qu' ch'entende un brofond silence, nous parlons sur le crammaire française. — 10. On va se former en bataille par escadron dans la plaine voisine. — 11. C'est eux qui m'a provoqué, y mon dit : rabotte donc les aristocrates, alors moi j'ai calotté les fils du propriétaire, mais c'est eux qu'a reliché les tartines, moi, j'mas brossé le ventre. — 12. Vaguemestre Soiffmann, nix for mi, pas de lettre chargée, mon père m'inquiète, donne-moi une chique. — 13. Les extrêmes se touchent. — 14. Chauffé, éclairé par son gouvernement, c'est une grande douceur. — 15. Faudrait un crâne maître d'armes pour crever un œil à mon bouillon. — 16. Commencement de déclaration. Il paraîtrait, d'après les feuilles, que nous allons être réduits à trois bataillons. — 17. J'aurais bien pu fricoter dans la partie religieuse, si mon père ne m'en avait pas éloigné en m'allongeant des bénédictions avec le manche de son goupillon. — 18. Nous sommes tous frères, il se faut donc aider sur cette terre de misère.

Alphabet moral et philosophique à l'usage des petits et des grands enfants, 1835. — Titre : Avis aux amateurs. — Avare. Pauvre Jean, pauvre chien. — Bivouac. Le bivouac, sauf les rhumatismes, développe les facultés de l'homme, rafraîchit le sang et pousse à l'industrie. — Croquemitaine. Il dévore les enfants mâles des deux sexes. — Déménagement. Celui qui n'a jamais connu la peine n'a jamais non plus connu le plaisir. — École. Commencement des misères et des tribulations de la vie. — France. Là finit leur misère ! — Grognard. Le grognard est un vieux brave qui est toujours mécontent, et qui veut toujours l'être, parce que cela lui fait plaisir. — Hospitalité. — Indigence. Le petit riche donne au vieillard les deux sous de son déjeuner. Le petit prolétaire dit : j'ai rien. L'intention suffit. Dieu les récompensera. — Janvier (1er). *Cher grand-papa*, etc. — Kalmouck. On vous a vu, mais on ne vous verra plus. — Leçon de peinture.... Défions-nous du professeur pâle comme un beau jour d'automne, au front d'ivoire, aux yeux d'ébène et à l'âme orageuse. — Misères de la guerre (1812). — Napoléon. — Ouragan. O homme vain, mais non superbe, tu fais ton Ajax, tu menaces le ciel, mais la Divinité souffle et tu roules comme le grain de sable du désert. — Piété filiale. Vous avez soin de votre mère, vous prospérerez. — Querelle. Il en avint que celui qui avait raison fut blessé : la morale y perdit un peu, le cabaret y gagna beaucoup. — Regrets. Le bon Chauvin regrette la soupe au lard paternelle ; il se dit, à quand donc serai-je délibéré de mon congé ? — Souvenirs. Fatigué du lard paternel, il se souvient du 61me. C'était mon bon temps, je n'avais que mes corvées, les inspections, les revues, les gardes et les exercices à passer : j'étais libre et heureux. — Tirailleurs. Un tirailleur doit ménager son feu, bien ajuster, afin de tuer beaucoup à peu de frais. — Uniforme. Il aime l'uniforme, le Français ! — Vivandière. La vivandière a bon cœur, elle est facile à toucher. — X représente l'inconnu. — Yvetot (Le roi d'). — Zouaves, armée d'Afrique, 1874.

Album pour 1836. — 1. Qu'une garde (qu'a un tour de d'chez le coiffeur) est heureuse, quand elle vous dit : C'est vous tout craché, vous l'auriez fait faire, y n'serait pas mieux fait. — 2. Voilà de la crâne politique. Je vois par les papiers que le Roi abolit les factions qui fatiguent la France, c'est bien fameux pour le troupier. — 3. Sans blague et sans tabac, pas de soldat (César). — 4. Cré coquin, quelle émeute !! Je crains bien que les révoltés ne soient attaqués sur leurs derrières. — 5. Le Campement : la soupe se fait, le fourniment se blanchit. — 6. Deux paysages : Hommes qui cherchez la paix du cœur, pèchez donc à la ligne ; — Napoléon. C'est bien lui ! — 7. L'Arrière-garde. — 8. Le Traînard (il n'y en a plus dans l'armée française), fricotteur et carotteur..... etc. — 9. Bourgeois, je connais tous vos bons sentiments....— 10. Encore bien que je vous connais, mais nous sont pays ! — 11. Encore un duel : Ces messieurs se sont traités de jobards, mais ils déclarent n'avoir pas eu l'intention de s'insulter.— 12. Dieu ! mes ennemis politiques ! en avant les guibolles.— 13. Le voilà ! (Napoléon. Très jolie petite pièce.) — 14. Dites donc, l'ancienne, vous vous trompez, c'est pas lui ! — 15. Que Paris est triste sans émeutes ! — 16. Kraoutzer, quel est donc de ceci, mon brave ?.... etc.

Album pour 1837. — Titre : Des croquis de toutes façons, des courts et des longs, achetez-en donc, ils sont très bons. — 1. Le sergent Bellepointe fait danser Catin.... cela se voit encore en 1836.— 2. Les Anciens du camp de la Lune.— 3. Un Système : ce vieux soldat veut que ses élèves mangent toute la journée afin qu'ils ne sucent pas de mauvais principes.— 4. Ces infâmes brigands sont peut-être vertueux... — 5. Quand vous voudrez faire l'école buissonnière, que vos derrières soient bien gardés. — 6. C'est faux. — 7. Qui fête ses maîtres arrive au talent, aux honneurs, aux grandeurs, à la considération, à la décoration et tout !!! — 8. A bien dire, ce qu'il y a de meilleur dans l'homme, c'est le chien !

— 9. Maladroit! — 10. Je crois que je me sens de la religion. — 11. Écoute, Jean, il faut toujours préférer le pain noir de la nation au gâteau de l'étranger. — 12. Le Convoi : le plus beau temps de la vie est celui qu'on passe sur les routes. — 13. Frédéric le grand. — 14. 1750. — 15. L'Empereur Napoléon le grand m'a dit à moi, en Moravie : Soldats, je suis content de vous!

Croquis par Charlet, 1837. Douze pièces (L. 900 à 912).

Vie civile, politique et militaire du caporal Valentin, mise au jour par son ami Charlet, album composé de cinquante planches et un titre. Chez Gihaut.

Suite très caractéristique au point de vue 1830. Tout Charlet est là.

Valentin enfant apprend de sa mère une prière dans le latin qui suit : *Pater noster quilles enneceli sangtificeturc*; il fait l'aumône : il est présenté à son curé ; il est valet de pied chez la baronne de La Bretonnière *qui n'était des sociétés de charité que pour s'éviter de rien donner de sa poche*, puis chez un « bon riche », puis chez un *philanthrope libéral* qui le rosse d'importance, il préfère prendre la survivance d'un caniche d'aveugle. Nous voyons ensuite la « bonne sœur de charité, décorée par Napoléon sur le champ de bataille ». Puis Valentin s'engage ; il résiste à la *carotte péruvienne* du général de las Blagueras ; il prend part aux « trois glorieuses » : ici, apparition inévitable du vieux grenadier Bronzard qui arrache les soldats de la garde royale à la colère du peuple et fait fusiller les voleurs, *attendu que les français ne doivent voler.... qu'à la victoire*. Valentin part pour le siège d'Anvers. Il retrouve son père, *jésuite de robe courte* ; il prend congé de lui dans cette légende, une des plus drôles de Charlet : *Allons! au revoir! adieu! allons! vous êtes mon père! je vous respecte! je vous respecterai toujours! allons! adieu! vous serez toujours mon père! allons! au revoir! écrivez-moi! je vous écrirai! allons! au revoir! allons! adieu!* etc., etc.

Valentin cependant, à l'idée d'être fils d'un jésuite, se sent tellement honteux qu'il pense au suicide. Ici se place la morale du sergent Maneille.

Il ne se suicide pas, il se couvre de gloire, perd une jambe et gagne la croix. Il hérite de son père (jésuite de robe courte), devient bon paroissien, se souvient dans l'opulence de ceux qui l'ont connu dans la misère ; il tue en duel l'anglais Mannekin Low, il se marie, il devient père et maire : c'est le mot de la fin, et il faut convenir qu'il est un peu usé. Une dernière lithographie montre Valentin *devenu puissant* : on y voit Charlet, un portefeuille sous le bras.

Croquis à la manière noire dédiés à Béranger par Charlet. — Titre. 1840. — 1. Classe moyenne, fil et coton; classe forte, fer et acier. — 2. L'armée c'est le peuple ; le peuple et l'armée ! toujours ! Français à mort ! — 3. J'ris-ti d'voir tous ces fricoteurs-là faire les Latremouille et les Montmorency avec leurs figures barbouillées de raisinet ! — 4. Si les chevaux s'entendaient, quelle révolution ! — 5. Un infâme. — 6. Faites-leur chanter la Colonne, ô mes enfants, c'est le Cantique des Cantiques; ma colonne ! mon grand Empereur ! — 7. Homme du désert, quoi ! tu repousses la civilisation !... etc., etc. — 8. Un Mécène, 1840. — 9. L'amour du peuple, c'est le plus fort de tous les forts, heureux les souverains qui savent s'y retrancher. — 10. Fourberie et lâcheté sont deux herbes qui ne prendront jamais en France. — 11. Si j'avais signé les traités de 1815, je me couperais le poing. — 12. L'Avis du maître (portrait de Charlet) : *Votre figure de la France lève le bras et ne frappe pas... occupez-vous des masses, éclairez le peuple en sacrifiant vos fonds....*

Croquis divers : La Marseillaise. — Tremblez ennemis de la France. — Je crains la salle de police et je parle sous la figure de l'emblême.... les faits sont accomplis ! (pièce politique). — La vieille aristocratie. — T'as beau regimber, la réforme t'atteindra, et de la réforme à l'abattoir il n'y a pas loin. — Les paroles sont des femelles, les boulets c'est des mâles. — Quand j'aurai fait mes vuit ans, je tâcherai d'entrer dans le corps des Doctrinaires... ce corps puise sa force dans sa faiblesse : la paye est forte et les vivres saines et abondantes.

Croquis à l'estompe et au lavis, 13 pièces publiées chez Bry.

10. Modèles de dessins.

1000 à 1060. *Suite de dessins à la plume à l'usage des élèves des Écoles spéciales des Ponts-et-Chaussées, de Metz, d'État-Major, Polytechnique, Militaire et autres, par Charlet, professeur de dessin à l'École royale Polytech-*

nique, officier de la Légion-d'Honneur. 1839. Titre et cinquante-deux pièces.

M. de La Combe décrit en outre quatre pièces en première idée, et quatre pièces rejetées.

1061 à 1089. Divers modèles.

11. Essais d'eau-forte, 15 p.

Pour la description, voyez pages 46 et 47 du catalogue La Combe.

12. *Recueil de vingt-quatre pièces gravées à l'eau-forte* (lisez : au vernis mou) *par Charlet.* Publié par Blaisot.

Pour la description, voyez pages 139 à 142 du catalogue La Combe. — Notons seulement la légende du n° 21. Le Voyageur égaré : *Vous voilà dans le bourbier! Si vous continuez vous êtes perdu! Fallait prendre à gauche, et marcher franchement..... vous auriez gagné le cœur du pays!*

Charlet adorait ce genre d'allusion.

13. *Mémorial de Sainte-Hélène*, (Ernest Bourdin éd.), 1842, avec 500 vignettes d'après Charlet dans le texte et 29 hors texte, gravées sur bois. — *Histoire de l'empereur Napoléon*, par Abel Hugo, (Perrotin éd.), 1833, avec 31 bois d'après Charlet. — Quelques types dans *les Français peints par eux-mêmes*, qui déparent le livre plutôt qu'ils ne l'ornent (1) ; — *La Marseillaise*, avec notice sur Rouget de Lisle par Félix Pyat; Paris, Lainé, 1840.

(1) Charlet, au lieu de s'astreindre à faire ses illustrations comme les autres artistes qui collaboraient à l'ouvrage, a cru mieux de donner une note à part en dessinant des espèces de mendiants dans le genre Callot. C'est affreux. Pour illustrer, la première qualité de la part d'un dessinateur, surtout lorsqu'il s'agit d'une illustration collective, est d'être discipliné, si l'on peut s'exprimer ainsi, et de se soumettre à l'ordonnance générale du

Le portrait de Charlet a été lithographié par Benjamin Roubaud, dans la *Galerie de la Presse*, — par A. Devéria, d'après un croquis en charge fait par H. Vernet sur l'album de Géricault, — par Valerio, — par Dantan, en charge, — dans *le Miroir drôlatique*. — L'Apothéose de Charlet, par Béranger. — Charlet est encore représenté dans plusieurs lithographies de Bellangé et de Raffet.

CHASSELAT (Charles-Abraham), élève de Vincent, né à Paris en 1782. — Quelques lithographies : *Le général Gourgaud*. — *Gavaudan*. — *Melle Duchesnois*. — Divers portraits d'artistes dramatiques, etc.

CHASSÉRIAU (Théodore), peintre, 1819-1856. Son œuvre gravé se compose de vingt-six pièces, qui ont été cataloguées par Aglaüs Bouvenne (1) dans l'ordre suivant :

Eaux-fortes et Lithographies.

1. Reine de France caressant un lévrier, essai d'eau-forte. — 2. Une Naïade, vernis mou, (rarissime). — 3. Mort de

livre, au programme de l'éditeur, aux exigences particulières de l'illustration.

C'est parce qu'ils sont indisciplinés que les peintres de réputation, auxquels on demande des illustrations, et qui n'en ont pas l'habitude, les font généralement détestables, et se montrent très inférieurs à des illustrateurs de métier, qui ont moins de talent, mais qui savent ce que doit être une vignette.

(1) *Théodore Chassériau, souvenirs et indiscrétions*, par Aglaüs Bouvenne. Paris, Detaille; avec gravures. Cette monographie, avant d'être éditée séparément, a paru dans le *Bulletin des Beaux-Arts* que publie Fabré, marchand d'estampes, quai des Grands-Augustins.

Cléopâtre, eau-forte, (trois ou quatre épreuves).— 4. Sapho, eau-forte (*Cabinet de l'Amateur*, 1844). — 5. Suzanne au bain, eau-forte, reproduction du tableau exposé en 1839. — 6 à 21. Othello, suite de quinze eaux-fortes, 1844. — 22 à 24. Arabe montant en selle; — Femmes mauresques de Constantine; — la Mère et l'Enfant; 3 p. au vernis mou (*L'Artiste*). — 25. Vénus Anadyomène, lithographie (*Souvenirs d'artistes*, n° 369). — 26. Apollon et Daphné (*L'Artiste*, 1844).

Diverses peintures (environ vingt-cinq) ont été gravées ou lithographiées d'après Chassériau par Aug. Blanchard, Hédouin, Haussoullier, Masson, de Monjaut, Lemoine, Mouilleron, Dieu, Monin, Anastasi, Aug. Delâtre, Focillon, etc.

CHATAIGNIER (1772-1817), élève de Quéverdo, avait gravé pendant la Révolution quelques pièces de circonstance, dont la plus connue est celle qui représente un homme du peuple jetant son fardeau en s'écriant : *Ah ! je me sens soulagé, sept cent cinquante m'écrasaient !* allusion fort transparente au départ de la Convention.

La Mère à la mode; — *La Mère telle que toutes devraient être.*

Il publia, en une suite de 20 eaux-fortes in-4 enluminées, les costumes officiels des fonctionnaires du Directoire, ces costumes prétentieux que le public gouailleur appelait des « vètements de flamine ».

Puis il fut activement employé à graver les eaux-fortes des gravures du *Musée Filhol*. Bien qu'exécutées sous l'Empire, elles conservent l'aspect des préparations à l'eau-forte du XVIIIe siècle; elles ont du brillant et de la chaleur, et dans la plupart des cas sont supérieures aux épreuves parachevées par divers burinistes (1).

Sous la signature ou avec le nom de Chataignier comme marchand, se trouvent diverses planches, d'un pointillé assez grossier : *les Consuls*; — *Bonaparte, premier Consul*; — *Bonaparte remettant l'épée au fourreau après la paix*, — *le Soutien de la France*, chez Chataignier, rue Jacques (*sic*), 54; — *le Général Moreau*; — *l'Homme accablé par le malheur*; — *Peace of Ghendt 1814.*

Duvoisin, évêque de Nantes, aumônier de S. M. l'Empereur et Roi, in-12, burin.

Renouvier dit que Chataignier a gravé en petit des costumes de théâtre, notamment *Talma* dans le rôle de Manlius.

La fille de Chataignier a épousé le graveur Joseph Coiny fils.

CHATILLON (HENRI-GUILLAUME), peintre et graveur au burin, né à Paris en 1780, élève de Girodet et Gérard.

(1) On pourra se reporter au *Manuel* de Le Blanc, pour le détail de 169 de ces eaux-fortes, détail qui ne présente pas d'ailleurs un intérêt pratique.

1. La Vierge au poisson, in-fol.

2. Saint Michel terrassant le démon, d'après Raphaël, grand in-fol.

3. Endymion, d'après Girodet, 1810, in-fol.

4. Offrande à Esculape, d'après Guérin, in-fol.

5. Angélique et Médor, d'après Guérin, in-fol.

6. La France transmettant à l'Immortalité le testament de Louis XVI.

7. Diverses pièces pour le *Racine* de Didot, le *Musée Napoléon*; quelques lithographies, etc.

CHATINIÈRE (Antonin-Marie), né à Montpellier le 30 avril 1828, est le lithographe accrédité auprès des éditeurs de musique. Les sujets dessinés par lui, — toujours d'un trait un peu rond, — pour des titres de romances et des affiches de partitions sont en nombre extrêmement considérable. Vous ne passerez pas devant un magasin de musique sans voir collée à la vitre quelque affiche de Chatinière : *Mam'zelle Nitouche*, d'Hervé; — *L'Ombre*, de Flotow; — *Marie-Madeleine* et *Manon Lescaut*, de Massenet; — *Henri VIII*, de Saint-Saëns; — *Lakmé*, de Delibes; — *Une Nuit de Cléopâtre*, de Massé; — *le Chevalier Jean*, de Joncières; — les portraits de Mesdames *Judic* et *Théo*; etc., etc.

CHAUVEL (Théophile), peintre-graveur, né à Paris le 2 avril 1831, élève de Picot, Bellel et d'Aligny. Second prix de Rome en 1854.

Il s'est d'abord fait la main en s'essayant à diverses eaux-fortes de sa composition. Une fois maître du procédé, il a abandonné les eaux-fortes originales pour les reproductions, et il est arrivé à des résultats surprenants.

Chauvel est le véritable graveur de paysage; et il a élevé la gravure de paysage à la hauteur de cette chose spéciale qu'on appelle une *estampe* (1).

Personne n'a gravé mieux que lui Daubigny, Jules Dupré, Théodore Rousseau. Les planches d'après ces maîtres sont d'un *rendu* saisissant. Cette fidélité de traduction n'implique aucun

(1) Il est bien entendu que, à parler exactement, toute image imprimée, grande ou petite, est une estampe.

C'est dans ce sens vrai qu'on dit : *collectionneur d'estampes*.

Mais dans le langage commercial ou courant, le nom d'*estampe* est réservé à la pièce exécutée en vue de l'encadrement, c'est-à-dire en vue de l'ornementation volante des appartements, c'est-à-dire encore en vue de la vente au grand public. Dans le même langage, toute estampe ayant sa place marquée dans un livre s'appelle une *vignette*. De même aussi, bien qu'un portrait imprimé soit une estampe, on dit couramment : tel artiste n'a gravé que des *portraits* et n'a pas gravé d'*estampes*.

L'*estampe*, style courant, est généralement la reproduction de tableaux célèbres, et l'on n'applique pas le nom d'*estampe* aux pièces originales, aux essais, recherches de procédés et autres morceaux dont on sait d'avance qu'ils ne s'adresseront guère qu'à un public spécial de connaisseurs ou d'artistes. Ce public-là, notons-le en passant, désigne volontiers les estampes par le nom du procédé qui a servi à leur exécution, il dit : une *eau-forte*, une *taille-douce*, une *lithographie*, un *bois*. Mais le mot *estampe*, couramment employé, vise, nous le répétons, le côté encadrement et le côté denrée commerciale. Cette application est arbitraire, conventionnelle,

asservissement aux minuties de la taille. Vu de très près, le travail de Chauvel offre en général des tailles uniformes, qui semblent enchevêtrées sans art. Éloignez un peu l'épreuve de votre œil, et ce travail, qui paraissait monotone et désordonné tout à l'heure, devient singulièrement habile et intelligent, et donne non seulement l'impression générale du tableau, mais le détail, la touche du peintre, et jusqu'aux tapotages du pinceau.

Comme exemples, on peut citer les Théodore Rousseau, les Jules Dupré, gravés pour *l'Art*; le *Tronc d'arbre* de Diaz, gravé pour le même journal; les *Chaumières sous bois* de Théodore Rousseau, petite planche publiée dans les *Cent*

argotique même, et n'implique aucune appréciation de la valeur artistique : il y a des *estampes* superbes et d'autres qui ne valent pas le diable. Et néanmoins, dans la pratique, elle n'est point une subtilité et répond à une idée très nette. Tout le monde comprendra la pensée d'un éditeur qui dira : tel graveur est plein de talent, mais il n'est pas possible de lui confier l'exécution d'une *estampe*. Que représente ici le mot *estampe*? C'est une chose plus commerciale, ou plus compréhensible de la masse du public. Dans ce sens, par exemple, les paysages de Seymour Haden sont des *eaux-fortes*, et l'*Hémicycle* est une *estampe*.

Dire d'une estampe qu'elle est une *estampe*, c'est lui accorder un caractère officiel de grande circulation. Peut-être est-ce indiquer qu'elle n'a pas les qualités de primesaut, les originalités intimes qui font les délices des connaisseurs et des artistes, mais c'est affirmer que son auteur possède, ou qu'on croit qu'il possède le métier dans la perfection ; perfection indispensable à tout ce qui a pour consommateur et pour juge le grand public.

Or, depuis quelque temps, les pièces gravées en travail libre, les *gravures à l'eau-forte*, concourent avec la taille-douce dans la production des *estampes*. Chauvel est un de ceux qui sont parvenus à lui donner pour cela les qualités nécessaires.

Chefs-d'Œuvre; enfin les grandes planches exécutées pour Goupil et autres éditeurs : *le Nid de l'aigle* d'après Théodore Rousseau, ou *la Saulaie* d'après Corot, qui a valu à Chauvel la médaille d'honneur de gravure, au Salon de 1880. Il est chevalier de la Légion d'honneur depuis 1879.

Chauvel a fait aussi un petit nombre de lithographies : elles sont simplement extraordinaires. Il a une puissance d'exécution exceptionnelle, et a su forcer le crayon lithographique à rendre les empâtements de la peinture. Sa grande pièce de *l'Enclos*, d'après Van Marcke, nous offre le noir le plus intense et le plus velouté à la fois qu'on ait obtenu en lithographie. Et cependant Chauvel, qui connaît si à fond les ressources du métier, ne fait pas de métier, c'est un peintre : là est le secret de son habileté. Sa lithographie est de la lithographie de peintre, aussi étonnante, bien que dans un tout autre ordre d'idées, que celle de Bonington.

Une particularité sur Chauvel : Il est mordu par une passion, et cette passion n'est ni la lithographie, ni l'eau-forte, ni la peinture : c'est la micrographie. Son atelier est un arsenal de microscopes de tous modèles, d'objectifs perfectionnés et de tout ce qui s'ensuit. Quiconque a mis, ne fût-ce qu'une fois en sa vie, l'œil au microscope pour voir un ongle d'araignée ou une diatomée, comprendra cette passion.

Voici le catalogue complet de ce que Chauvel a gravé ou lithographié jusqu'à présent :

L'ŒUVRE
DE
TH. CHAUVEL.

I. — EAUX-FORTES ORIGINALES.

1. Le Chariot, d'après un tableau du graveur. — In-8 (H. 14 cent. L. 11). — Signé au bas à gauche : *Chauvel 61.*

2-9. COLLECTION DE SIX EAUX-FORTES.

1. Les Saules à Neuilly. — In-4 (H. 20 cent. L. 14). — Signé au bas à gauche : *T. Chauvel. 61. A. F.*

2. Le Héron, même format que la pièce précédente. — Signé au bas à gauche : *T. Chauvel. 61.*

3. Vaches près d'un moulin à eau. — In-4 en largeur (L. 21 cent. H. 13 ½). — Signé au bas et à gauche : *T. Chauvel. 61.*

4. Chevaux au bord de la Seine (planche inédite). — In-4 en largeur (L. 20 cent. ½. H. 11 ½). — Signé *T. Chauvel sc.* (La pointe du clocher est à 27^{mm} du trait carré à gauche ; elle en est à 24^{mm} dans la planche suivante.)

4bis. La même planche, modifiée (et publiée). — Même largeur ; à gauche, de grands arbres qui rejoignent ceux de droite ; le clocher a disparu. Signature absente. 1861.

4ter. Le même sujet, autre planche. — Même largeur. — Signé *T. Chauvel sc.* au bas à gauche. — Légères différences de dessin. Ici on voit le clocher.

Un seul état, inachevé. Publié par méprise : le graveur avait l'intention de détruire cette planche.

5. Aux Trembleaux près Marlotte (une ancienne carrière de grès). — Grand in-8 en largeur (L. 18 cent. H. 13). — Signé sur la gravure, dans l'angle inférieur droit : 1862.

6. Chênes de roches, Gorge-aux-Loups, Fontainebleau. — Grand in-8 (H. 17 cent. ½. L. 13). — Signé au bas à droite, sur la gravure : 1862.

7. Titre. — In-8 (H. 12 cent. ½. L. 9). — Sur une pierre carrée on lit : *Six Eaux-Fortes par T. Chauvel 1862. Cadart et Chevalier, r. Richelieu 66.* Et près du trait carré, au bas de la planche, l'adresse de Delâtre.

10-16. Deuxième collection de six eaux-fortes.

1. Retour du marché (paysanne sur un âne). — Grand in-8 en largeur (L. 19 cent. ½. H. 13 ½). — Signé au bas à gauche. 1862.

2. Le Moulin à vent. — In-4 (H. 20 cent. ½. L. 16 ½).— Signé au bas à gauche, sur la gravure : *T. Chauvel 62.*

3. Sous les noyers (indication de deux figures pêchant dans une mare). — In-4 en largeur

(L. 21 cent. H. 16). — Signé au bas à droite : *T. Chauvel 62.*

4. Le Passage du gué. — Deux bœufs au bord d'une rivière ; cinq autres traversent, conduits par un berger à cheval. — In-4 en largeur (L. 21 cent. H. 11). — Signé à droite : *T. Chauvel 62.*

5. Le Buisson. — Indication d'un moine lisant, au pied d'un rocher au dessus duquel est le buisson. — In-4 (H. 20 cent. $\frac{1}{2}$. L. 14 $\frac{1}{2}$). — Signé à droite. 1863.

6. Le Repos. Cerf et biche dans une forêt. — In-4 cintré dans le haut (H. 20 cent. $\frac{1}{2}$. L. 14). — Signé au bas à droite : *T. Chauvel 62.*

7. Titre. — Sur une roche, on lit : *Eaux-Fortes par T. Chauvel.* Dans la marge inférieure, adresses de Cadart et de Delâtre. — In-12 (H. 11 cent. $\frac{1}{2}$. L. 9 $\frac{1}{2}$).

Toutes les pièces qui précèdent ont eu plusieurs états.

17. Solitude. — Dans un paysage accidenté et boisé, un enfant qui se penche pour boire à une mare. — In-4 en largeur (L. 25 cent. $\frac{1}{2}$. H. 20 $\frac{1}{2}$). — Signé à gauche : *T. Chauvel 62.*

Deux états d'essai avant l'état de publication (*Société des Aquafortistes*).

18. Passage de la Ternoise. — Six vaches, à droite de la planche, vont passer la rivière. — In-4 en largeur (L. 27 cent. $\frac{1}{2}$. H. 18 $\frac{1}{2}$). — Signé à droite : *T. Chauvel 62.*

Deux états d'essai avant l'état de publication (*Société des Aquafortistes*).

19. Biches au repos, Gorge-aux-Loups, forêt de Fontainebleau. — In-4 en largeur (L. 30 cent. H. 22). — Signé à droite et daté *63*.

Deux états avant l'état de publication (*Société des Aquafortistes*). Dans ce dernier état, la tête de la biche au repos a été changée : elle est légèrement tournée vers la droite.

20. La Grenouille et le Bœuf. — In-4 (H. 20 cent. ½. L. 15). — Signé à gauche. 1864.

Deux états avant l'état de publication (*Société des Aquafortistes*).

21. La Montée à Saint-James (Manche). — Indication d'une femme, appuyée sur un bâton, et gravissant un chemin qui mène à des habitations. — In-8 (H. 18 cent. L. 12). — Signé à droite. 1864.

Inédit.

22. La Montée à Saint-James (deuxième planche). — In-8 (H. 17 cent. ½. L. 11 ½). 1864.

Deux états. Le second a les arbres du fond très éclaircis. On en voit les branches. — Inédit.

23. Le Moulin. — Il est au bord d'une rivière : à gauche un chemin se perdant sous de très grands arbres. — In-8 (H. 17 cent. ½. L. 12). — Signé et daté *64*.

Deux états. — Inédit.

24. Pommier a Fleury (Seine-et-Marne). — Un grand pommier au premier plan, troupeau de moutons ; plus loin, la bergère et son chien ; au fond, une ferme. — In-4 (H. 29 cent. ½. L. 22 ½). — Signé à droite. 1865.

Trois états avant la publication (*Société des Aquafortistes*).

25. Intérieur de cour, a Fleury. — In-4 (H. 27 cent. ½. L. 22). — Signé à droite et daté *65*.

Deux états. Planche inédite.

26. Les Charmes. — Sous les arbres, indication d'un homme assis, s'appuyant sur le bras gauche.— In-4 (H. 20 cent. ½. L. 17 ½).— Signé à droite et daté *66*.

Deux états avant la publication (*Société des Aquafortistes*).

27. Au Jean de Paris, forêt de Fontainebleau. — Bouleaux à gauche de la planche, dans un paysage rocheux. — Grand in-8 (H. 17 cent. L. 12 ½). — Signé au bas à gauche. 1867.

Deux états.

28. Chemin à St-James (Manche). — Chemin descendant vers le premier plan. Une femme tenant un panier au bras. Plus loin, indication d'une femme assise. — Grand in-8 (H. 17 cent. L. 12). — Signé à gauche. 1867.

Pour *Etchings and Etchers*, de Ph. Hammerton.
Deux états.

29. Le Chemin de la grève (Normandie). — Une charrette est au tournant du chemin. A gauche, sur un tertre, une ferme et des arbres. — In-8 en largeur (L. 17 cent. ½. H. 11). — Signé à gauche.

Pour la *Gazette des Beaux-Arts* du 1er mai 1869.

30. Vaches dans les genêts (Orage). — A gauche, un grand orme et un bouleau. — Grand in-8 en largeur (L. 19 cent. H. 14 ½). — Signé à droite : *T. Chauvel 70*.

Pour le *Musée universel* d'Édouard Lièvre.

31. Près Arromanches, d'après le tableau du graveur. — Ferme normande : au premier plan un grand chêne. — In-8 (H. 13 cent. $\frac{1}{2}$. L. 12). — Signé à gauche : *Th. Chauvel 73.*

32. Environs de Rouen. — Au bord de la Seine, une jeune bergère garde son troupeau, assise au pied d'un arbre. Au premier plan, un pommier. — In-4 en largeur (L. 21 cent. H. 14 $\frac{1}{2}$). — Signé à gauche : *Th. Chauvel 73.*

Pour l'*Album Cadart*, 1874.

33. A Samois près Valvin. — Au fond, un olivier. Deux autres oliviers au premier plan. Derrière les oliviers, à droite, un talus ; au fond, une bergère gardant un troupeau. — In-4 (H. 20 cent. $\frac{1}{2}$. L. 15). Signé à gauche : *Chauvel 74.*

Pour l'*Album Cadart*, 1875.
Cinq états.

Ici, il est évident que le lecteur va nous faire une objection.

Samois, dira-t-il, est situé près de la forêt de Fontainebleau. Or il est généralement admis que, dans la forêt de Fontainebleau, il ne pousse pas d'oliviers !

Réponse. CE PAYSAGE EST UNE VUE DES ENVIRONS DE MONTPELLIER. Mais un paysage qui se respecte ne peut avoir été fait que dans la forêt de Fontainebleau ou autres localités consacrées, dont Montpellier n'est pas.

Voilà pourquoi Cadart a tenu à baptiser cette planche : *A Samois près Valvin.*

34. APRÈS LA PLUIE, A VAUJOURS. — Des moutons, conduits par une bergère, viennent vers le premier plan, sur un chemin ; à gauche, des ormes ; temps couvert. — In-4 (H. 21 cent. L. 14 $\frac{1}{2}$). Signé à droite.

Pour l'*Album Cadart*, 1876.
Huit états.

35. Les Bords du Loing (effet d'orage). — Une vache est couchée au premier plan ; à gauche, des saules et la rivière. — In-4 en largeur (L. 22 cent. H. 13 ½). — Signé à droite : *Th. Chauvel aq.*

Pour l'*Album Cadart*, 1877.
Cinq états.

36. Chemin montant, à Auvers. — Le chemin est à gauche, l'Oise dans le fond à droite ; au premier plan, une jeune paysanne assise devant des ormes. — In-4 (H. 25 cent. L. 17). — Signé à gauche, à rebours. 1877.

Pour *l'Illustration nouvelle*.
Cinq états.

37. A Saint-Jean le Thomas. — Ferme normande : au milieu du paysage, un cheval blanc vu par la croupe. — In-4 (H. 26 cent. L. 21 ½). — Signé dans la marge à droite : *Th. Chauvel pinx et sc.* 1877.

Pour *l'Art*.

38. Avant l'orage (Environs de Moret). — Chemin passant dans un paysage semé de roches : sur le chemin, une femme ; à gauche, indication d'une chaumière : grand ciel nuageux. — In-4 en largeur (L. 26 cent. H. 19). — Signé à droite : *Th. Chauvel* 77.

Pour l'*Album Cadart*, 1878.
Cinq états.

39. Souvenir du Berry. — Paysage marécageux : une mare au premier plan ; vif effet de soleil derrière les nuages. — In-4 en largeur (L. 26 cent. H. 16 ½). — Signé sur la planche, à droite, *Th. Chauvel* 77, et sur la marge, *Th. Chauvel sc.*

Pour *l'Art*.
Six états.

40. Dans le pays de Caux. — Une rivière : au premier plan, une paysanne assise près d'une vanne et gardant sa vache ; temps sombre sur la droite. — In-4 en largeur (L. 30 cent. H. 21). — Signé à droite.

Pour *l'Art*.
Quatre états.

41. If taillé par M. Borthon dans sa propriété de Prauthoy, détruit par l'hiver de 1879. — In-8 (H. 16 cent. ½. L. 12). — Signé à gauche.

Tiré à 100 épreuves.

II. — EAUX-FORTES D'APRÈS DIVERS.

42. UNE MARE, forêt de Fontainebleau, d'après Théodore Rousseau.— In-4 en largeur (L. 29 cent. ½. H. 24 ½). 1874.

Sept états.

43. Environs de Norwick, d'après Crome (John, dit Old).— Un village anglais, avec un orme à gauche, et au premier plan, des canards dans une mare. — In-4 (H. 29 cent. ½. L. 20 ½). 1874.

Huit états.

44. Le Matin, environs de Tervueren, d'après Hipp. Boulenger. — Laboureur conduisant sa charrue, devant un village. — In-4 en largeur (L. 20 cent. H. 13 ½). 1874.

Neuf états.

45. Soleil couchant, d'après Corot. — Une barque au premier plan, sur une rivière ; au fond une tour carrée dans un effet de soleil couchant. — In-4 en largeur (L. 26 cent. ½. H. 18 ½). 1875.

Neuf états.

46. Vaine pâture dans la forêt de Marly, d'après Jacomin. — Bœufs au pâturage : une petite mare au premier plan ; un bois au fond. — In-4 en largeur (L. 25 cent. H. 17). 1875.

Neuf états.

47. Un Village en Suède (effet de neige), d'après Gegenfeld. — In-4 en largeur (L. 26 cent. H. 17). 1875.

Neuf états.

48. LA FALAISE, d'après Van Marcke. — On ne voit pas de falaise du tout ; on voit simplement des vaches dans un pâturage normand : ciel chargé de nuages. Au fond, la mer. — In-4 en largeur (L. 25 cent. ½. H. 18). 1876.

Trois états.

49. LA HUTTE, forêt de Fontainebleau, d'après Théodore Rousseau. — La hutte est au centre de l'estampe, au milieu d'un groupe de chênes. — In-4 en largeur (L. 28 cent. H. 21 ½). 1876.

Superbe eau-forte. Grande puissance d'exécution.
Huit états.

50. AU PRINTEMPS, d'après Daubigny. — Paysage très frais : ruisseau coulant sous des arbres dont les feuillages se rejoignent au haut de la planche : au fond un village, indication d'une femme. — In-4 (H. 24 cent. L. 18). 1876.

Neuf états.

51. TRONC D'ARBRE, d'après Diaz. — Tronc de hêtre traversant toute la planche, dans un fourré impénétrable. — In-4 (H. 25 cent. ½. L. 19). 1877.

Cinq états.

52. FALAISES DE DIEPPE, d'après Guillemet. — In-4 en largeur (L. 25 cent. H. 18). 1877.

Sept états.

53. LA SOURCE DE NESLETTE, d'après Van Marcke. — On ne voit pas de source, à proprement parler : on voit deux vaches, dont une blanche, qui semblent causer, les pieds dans une mare ; au fond, une troisième paraît faire le guet. — In-4 (L. 30 cent. H. 20). 1877.

Sept états.

54. Le Passe-cheval (ou le bac de Samois), d'après Veyrassát.— In-4 en largeur (L. 24 cent. ½. H. 16 ½). 1877.

Dix états.

55. UNE ÉCLUSE DANS LA VALLÉE D'OPTEVOZ (Isère), d'après Daubigny, musée du Luxembourg. — In-4 en largeur (L. 32 cent. ½. H. 18 ½). 1878.

Treize états.

56. LA BARQUE, d'après Jules Dupré.— La barque se trouve à droite au premier plan, avec deux hommes, dont l'un pousse à la perche et l'autre tire une nasse : bouquet d'arbres au fond. — In-4 en largeur (L. 28 cent. ½. H. 20). 1878.

Quatorze états.

57. PÊCHEURS ÉCOSSAIS ATTENDANT L'OBSCURITÉ, d'après Hunter. — Petit in-folio en largeur (L. 34 cent. ½. H. 18 ½). 1878.

Neuf états.

58. LA CHARRETTE DE FOIN, d'après Jules Dupré. — Au premier plan, une mare et des troncs d'arbres. Au second une charrette et deux faneurs se détachant, sur un ciel très tourmenté. Indication à gauche d'une femme assise gardant ses moutons. Plus loin, des bouquets d'arbres à droite et à gauche. — In-4 en largeur (L. 31 cent. H. 21 ½). 1879.

Quatorze états.

59. LE BATEAU DE PÊCHE, d'après Troyon (panneau de porte, très largement esquissé, dans la salle à manger d'Alphonse Karr à Sainte-Adresse). — In-4 (H. 32 cent. L. 18 ½). 1879.

Six états.

60. BARQUES PRÈS DE ROUEN, d'après Lapostolet. — In-4 (H. 25 cent. ½. L. 21 ½). 1879.

Sept états.

61. RETOUR DU BAL, d'après Gervex. — Ici nous sortons du paysage pour aborder une « scène de la vie réelle ». Monsieur, en habit noir, et qui n'a pas eu le temps d'ôter son paletot à fourrures, est assis sur un canapé, avec l'air fort ennuyé. On voit qu'il vient de subir une scène atroce de la part de Madame, actuellement occupée à fondre en larmes. — In-4 en largeur (L. 26 cent. H. 20). 1879.

Quinze états.

62. LA MARE, d'après Jules Dupré. — Une mare au premier plan; au milieu du second plan, un chêne; au fond, des arbres à droite, et à gauche indication d'une figure sur une élévation du terrain. — In-4 en largeur (L. 24 cent. H. 18 ½). 1879.

Sept états.

63. EN GUELDRE, d'après Koninck. — In-4 en largeur (L. 26 cent. H. 18). 1879.

64. PRÈS DE DORDRECHT, d'après Jongkind. — Navires sur la Meuse, soleil couchant. — In-4 en largeur (L. 27 cent. ½. H. 21). 1881.

Cinq états.

65-66. VETERING SINGEL (Amsterdam), — BUITEN SINGEL, d'après la baronne N. de Rothschild. 2 p. in-4 en largeur (L. 28 cent. H. 18 ½). 1884.

Ces estampes ont eu l'une onze, l'autre dix-huit états.

67. UN CANAL A VENISE, d'après la baronne N. de Rothschild. — In-4 en largeur (L. 27 cent. H. 18 ½). 1885.

Huit états.

Les vingt-six eaux-fortes qui précèdent (nos 42 à 67) ont été publiées dans le journal *l'Art*.

---

68. Gorges d'Apremont, fac-simile d'une sépia de Th. Rousseau (première planche, inédite). — In-4 en largeur (L. 20 cent. ½. H. 13 ½). 1868.

Tirage à 2 épreuves.

69. Gorges d'Apremont, d'après Th. Rousseau (seconde planche, publiée). Elle est dessinée en sens inverse de la précédente, et de même format. — Signé sur la gravure, à l'angle inférieur droit : *Th. R.*, et sur la marge inférieure, sous le trait carré à gauche, *T. Chauvel spt. aq.* 1871.

Pour le *Musée universel* d'Éd. Lièvre.

70. L'Orage, d'après Diaz. — Même sujet que la lithographie cataloguée plus bas sous le n° 104. — In-4 en largeur (L. 21 cent. ½. H. 16 ½). 1871.

Pour le *Musée universel* d'Éd. Lièvre.

71. Lisière d'un bois, d'après Th. Rousseau.— Même sujet que la lithographie cataloguée plus bas sous le n° 102. — Grand in-8 en largeur (L. 19 cent. H. 15 ½). — Signé sur la marge : à gauche, *Th. Rousseau pinxit* ; à droite, *Th. Chauvel aq.*

Inédit.

72. UN COIN DE BOIS, d'après J. Dupré.—Au premier plan, de gros troncs d'arbres sciés, et une figure assise. — In-4 en largeur (L. 21 cent. H. 16 ½). 1875.

Pour le *Musée universel* d'Éd. Lièvre. — Sept états.
Le même tableau a été lithographié par Français.

73. L'ABREUVOIR, d'après Troyon. — Même sujet que la lithographie cataloguée sous le n° 111. — In-4 (H. 21 cent. ½. L. 14). 1875.

Pour le *Musée universel* d'Éd. Lièvre. — Huit états.

74. PAYSAGE (deux arbres), d'après Corot, très petite pièce in-18 (L. 9 cent. H. 7). 1884.

Inédit.

75. L'Écluse, d'après Ruysdaël. — In-12 (H. 11 cent. ½. L. 9 ½). 1869.

Pour le *Catalogue de la Collection Koucheleff-Besborodko.*

76. LA SAULAIE, d'après Jules Dupré. — In-8 en largeur (L. 18 cent. ½. H. 15). 1873.

Pour le *Catalogue Wilson.*

77. Clair de lune, d'après Old Crome. — In-8 (H. 18 cent. ½. L. 15 ½).

Pour le *Catalogue Wilson.*

78. Troupeau de vaches au bord d'une rivière, d'après Jules Dupré. — In-4 en largeur (L. 21 cent. ½. H. 13 ½).

Pour le *Catalogue Wilson.*

79. CONWAY CASTLE, d'après Richard Wilson. — In-8 en largeur (L. 17 cent. ½. H. 13 ½).

Pour les *Entretiens* de René Ménard, 1873.

80. CHAMEAUX A L'ABREUVOIR, d'après Gérôme. — In-8 en largeur (L. 15 cent. H. 9 ½). 1876.

81. « *Fosse commune à Montmartre février 1863. J. G.* ». Petite vignette d'après Jules de Goncourt. (H. 10 cent. ½. L. 5.)

Pour *Renée Mauperin*, édition Lemerre, 1876.

82-83. Vue de Trianon prise dans le jardin anglais. — Vue du château de Trianon, prise du jardin français; 2 p. d'après le chevalier de Lespinasse. — In-4 en l.

Pour *Marie-Antoinette*, de MM. de Goncourt, 1878.

84. La Femme du pêcheur, d'après Corot. — In-8 en largeur (L. 17 cent. H. 11).

Pour *Cent Chefs-d'Œuvre*, publication de G. Petit.

85. Vue de La Rochelle, d'après Corot. — In-8 en largeur (L. 17 cent. H. 11). 1883.

Pour *Cent Chefs-d'Œuvre.*

86. LES CHAUMIÈRES SOUS BOIS, d'après Th. Rousseau. — In-8 (H. 14 cent. ½. L. 12).

Pour *Cent Chefs-d'Œuvre.* Très jolie eau-forte.

87. Vignette d'après Français pour *les Contemplations*, (édition nationale des œuvres de Victor Hugo). — In-8. 1885.

Les petits morceaux blancs chassés en tourbillons,
De tous les billets doux devenus papillons.

88. Bateaux à marée basse, d'après E. Vernier. — In-8 (H. 12 cent. ½. L. 9 ½). 1886.

Pour le *Catalogue E. Vernier.*

---

89. L'ÉTANG, d'après Corot. — L'étang (de Ville-d'Avray) occupe la partie gauche de l'estampe. Au premier plan, une figure dans un bachot. Au fond, la lisière d'un bois et l'indication de trois vaches noires. A droite, des saules, un bouleau; indication d'une femme et de constructions. Dans l'angle inférieur droit le nom Corot. — In-fol. en largeur (L. 50 cent. H. 33). 1875.

Publié par Goupil.
Sept états.

90. L'ORAGE, d'après Diaz. — Berger suivi de son chien, traversant, par un temps d'orage, une lande sablonneuse. Au fond, des bois. Grand ciel très chargé de nuages. Indication de pluie. — Grand in-fol. en largeur (L. 59 cent. ½. H. 43). 1880.

Publié par Goupil.

Il n'y a pas moins d'une quinzaine d'états d'essai. Le dernier état d'essai, définitif, porte sur la marge inférieure l'indication *In progress for the proprietors Mess. Goupil & Co.*

91. LA SAULAIE, d'après Corot. — Petit ruisseau coulant entre deux rangées de saules, et venant déboucher au premier plan à gauche. Adossée à un saule, une bergère garde ses moutons. A droite, indication d'un chemin. Le nom de COROT au bas, à droite. — In-fol. en largeur (L. 50 cent. ½. H. 34). 1880.

Publié par Goupil.

Cette estampe, d'un travail en apparence très simple, a coûté en réalité beaucoup de peine ; il y en a eu seize états d'essai.

Elle rend d'une façon surprenante la manière de Corot.

C'est avec *la Saulaie* que Chauvel a obtenu la médaille d'honneur au Salon de 1881.

92. LE NID DE L'AIGLE, d'après Théodore Rousseau. — Le fond d'un sombre ravin ; un berger sonne de la trompe, appelant ses vaches qui descendent pour s'abreuver, poussées par un autre berger. Dans le haut, effet de soleil couchant très fantastique. — Grand in-fol. en largeur (L. 59 cent. H. 48 ½). 1880.

Publié par Goupil.

93. LE BATELIER, d'après Corot. — Il est dans

son bachot, au premier plan, et fait passer la rivière à une femme et à un enfant. A gauche, de grands arbres; à droite, l'autre rive, en collines boisées, s'enfuyant dans le lointain. — In-fol. (H. 50 cent. L. 39 ½). 1881.

Publié par Goupil.
Huit états.

94. SOLITUDE, d'après Daubigny. — Un étang occupe toute la largeur de l'estampe. Deux cigognes au premier plan. Au fond le terrain, couvert d'arbres, se relève en pente à droite et à gauche. A droite, un chemin montant. — Grand in-fol. en largeur (L. 58 cent. ½. H. 37 ½). 1882.

Publié par G. Petit.
Sept états.

95. VILLE-D'AVRAY, d'après Corot. — L'étang de Ville-d'Avray est à droite, la chaussée au fond, avec une maison derrière des saules. A gauche, le chemin passe devant des maisons, au pied du bois de Fausses-Reposes. Au premier plan, au milieu de l'estampe, un homme debout, vu de dos, ramassant des roseaux au bord de l'étang.— Grand in-fol. en largeur (L. 58 cent. ½. H. 37). 1882.

Publié par G. Petit.
Cinq états.

96. FEBRUARY. FILL-DYKE, d'après B.-W. Leader.— Pays plat et inondé. A droite des arbres, des chaumières; puis un village et une église de style gothique anglais. — In-fol. en largeur (L. 52 cent. ½ H. 31). 1885.

Publié par Arthur Tooth, à Londres.
Neuf états d'essai.

97. ON THE BANKS OF THE JOY, d'après B.-W. Leader. — Village anglais avec une église sur la droite, vu derrière des arbres, de l'autre côté d'une rivière. Effet de soleil couchant. A gauche, une figure dans un bachot, et une autre sur l'escalier qui descend à la rivière. — Pendant de la pièce précédente. 1884. . . . .

Publié par Tooth.
Cinq états.

98. LE LAC, d'après Corot. — Au premier plan la rive, avec des rochers et de grands arbres; à gauche un bouleau, et un berger debout dans les hautes herbes, appuyé sur un bâton. Plus loin, le lac, dans toute la largeur de l'estampe. Fond de collines boisées. — Grand in-fol. en largeur (L. 56 cent. $\frac{1}{2}$. H. 48). 1884.

Publié par Goupil.
Treize états.

99. AUTUMN LEAVES, d'après Vicat-Cole. — A droite un sentier jonché de feuilles, bordant un plan d'eau entouré de grands arbres. — In-fol. (H. 53 cent. $\frac{1}{2}$. L. 43 $\frac{1}{2}$). 1886.

Publié par Tooth.
Neuf états.

Les grandes pièces que nous venons de décrire (nos 89-99) sont des estampes superbes. On les appréciera surtout par les épreuves tirées sur parchemin, qui sont particulièrement grasses et souples de ton. (1)

(1) Une remarque en passant. Le parchemin, et même le papier, en séchant après le tirage, pour lequel il a fallu les humecter, subissent un retrait, et ce retrait n'est pas toujours égal. De sorte qu'on ne peut donner

III. — LITHOGRAPHIES.

100. LES GORGES DE MONTPAIRON, près Chateldon (Puy-de-Dôme), d'après Bellel. — Paysage à fond de montagnes rocheuses. Au premier plan à droite, un ruisseau tombant en cascade. Au milieu de l'estampe, une figure assise, dessinée par Jules Laurens. — Sans aucune lettre. — In-4 en largeur (32 cent. ½ sur 21 ½). 1855.

Inédit. Tiré à 7 épreuves.

101. LA CHARRETTE, d'après Bonington (pour le *Musée universel* d'Édouard Lièvre). — La charrette va vers le fond, passant dans un chemin bordé à gauche par un tertre surmonté de deux petits arbres et d'une barrière. Au bas du tertre, sur le bord du chemin, un paysan assis et une paysanne debout. — Petit in-4 en largeur (21 cent. sur 12 ½). 1869.

Cette petite pièce est tout à fait dans le sentiment exquis de Bonington.

102. LISIÈRE D'UN BOIS, d'après Théodore Rousseau. — Le bois occupe la gauche de l'estampe. A droite sont des champs. Sur un chemin qui vient du fond vers le premier plan, au milieu de la composition, est une paysanne montée sur un âne ; plus loin, indication d'une figure portant des branches ; plus loin encore, indication d'une charrette. — In-4 en largeur (27 cent. ½ sur 22). 1869.

---

la mesure d'une grande estampe au millimètre près d'après les épreuves ; il y a des variations qui atteignent quelquefois *près d'un centimètre, et même plus*, pour les très grandes planches.

103. L'ÉGLISE SAINT-PIERRE DE CAEN, d'après Bonington. — In-4 en largeur (27 cent. sur 22 ½). 1869.

Lithographie un peu dure : c'est pour cette raison que nous ne la donnons pas comme une pièce hors ligne.

104. L'ORAGE, d'après Diaz (collection Burty). — Plaine coupée de petits arbres. Collines au fond. Au premier plan, indication d'une vieille femme. Effet de soleil déclinant avec ciel orageux et très tourmenté. — In-4 en largeur (27 cent. sur 21). 1869.

Superbe.

105. LA VEILLÉE, d'après Millet (collection Lièvre). — Jeune paysanne cousant à la lueur d'une lampe, près du lit où dort son enfant. — In-4 (25 cent. ½ sur 20). 1872.

Il y a là un effet de lumière, très enveloppé, que l'eau-forte rendrait bien difficilement.

106. LE PONT DE GREZ, d'après Corot (collection Burty). — Pont de sept arches sur le Loing. La sixième arche à partir de la gauche a été coupée en 1815. Elle est refaite en charpente. Dans l'angle droit : *Corot*. — Petit in-fol. en largeur (34 cent. ½ sur 17). 1872.

Inédit.

107. LE VAISSEAU FANTÔME, d'après un pastel de Méryon (collection Burty). — Un navire s'avance sur la crête d'une lame ; des goëlands volent à la surface de la mer. Sur la marge, le monogramme de Méryon et les vers :

Gais matelots, voguons sur l'onde,
Sillonnant la mer profonde.
Il faut trouver un nouveau Monde :
C'est pour cela
Que Dieu nous créa....

— Petit in-fol. en largeur (35 cent. sur 19). 1872.

Ce sujet s'appelait en réalité *Sur les flots* : c'était un simple navire de commerce, mais Méryon lui a donné un aspect si fantastique et si saisissant, que les artistes ne le désignent jamais que sous le nom du *Vaisseau fantôme.*

Tiré à 100 épreuves.

Il y a eu 5 ou 6 épreuves avant lettre.

108. EMBOUCHURE DE LA TOUCQUES (?), à Trouville, d'après une étude de Bonington. — Un village au pied d'une colline, sur le bord d'une petite rivière. Devant le village, une passerelle posant sur des poutres. Un sloop et deux bateaux à voiles sont sur la rivière. A droite, légère indication de pluie. — In-4 en largeur (29 cent. sur 22 ½). 1873.

Inédit.

109. CHIEN BASSET, d'après une étude de Decamps (collection Burty). — Le chien est assis, de profil à gauche. Dans l'angle droit de l'estampe, le nom *Decamps.* — Petit in-4 (23 cent. ½ sur 19). 1873.

Tiré à 100 exemplaires avec la signature sur la marge. Il y a eu 5 ou 6 épreuves avant cette signature.

Les coups de pinceau de la patte gauche du chien sont disposés de telle façon qu'ils forment, près de l'extrémité de cette patte, une tête de chat. La copie a été si précise que cette tête de chat est venue parfaitement dans la lithographie. Chauvel ne s'en est aperçu qu'au tirage.

110. PAYSAGE DE NORMANDIE, d'après une esquisse d'Isabey (collection Lièvre). — Un chemin creux bordé d'arbres élevés est sur la gauche. A droite, une chaumière sur une élévation de terrain. Ciel nuageux et tourmenté. — Petit in-fol. (31 cent. sur 22). 1874.

Le lithographe a imité, avec une vigueur remarquable, les touches de pinceau de cette esquisse fougueuse.

111. VACHES A L'ABREUVOIR, d'après Troyon (collection Lièvre). — Deux vaches, dont une blanche, conduites par une paysanne, boivent à la rivière. Deux autres vaches sont sur le bord de cette rivière, à droite de la planche. La lumière vient du haut, filtrant à travers un ciel très chargé de nuages. — Petit in-fol. (31 cent. sur 20). 1874.

112. Pâturages, d'après Troyon. — Douze vaches dans un pâturage au bord de la mer. A droite, quatre moutons. — In-fol. en largeur (47 cent. ½ sur 31). 1878.

L'artiste ne compte pas cette lithographie parmi ses bonnes. Le tableau n'était pas plaisant à rendre.

113. L'ENCLOS, d'après Van Marcke. — Une vache noire à mufle blanc, debout contre une barrière venant du fond vers le premier plan de gauche à droite, et derrière laquelle sont des arbres, de hautes herbes et des fleurs. — In-fol. en largeur (47 cent. sur 39 ½). 1878.

C'est peut-être le chef-d'œuvre de cette série de lithographies composée de pièces véritablement extraordinaires. La pierre appartient au journal *l'Art*.

114. Le Camp arabe, d'après le tableau de Fromentin du musée du Luxembourg (pour la Chalcographie). — In-fol. en largeur (45 cent. sur 32). 1878.

Reproduction textuelle qui donne même les *repentirs* du tableau (dans les jambes des chevaux).

CHAUVET (Jules-Adolphe), né à Péronne le 29 septembre 1828. Élève de Ciceri, de l'âge de quinze ans à celui de dix-huit; puis engagé volontaire et sous-officier aux chasseurs d'Afrique. A son retour en France, en 1855, il fut employé dans l'administration des Petites-Voitures. Après quoi il se remit au dessin, faisant d'abord des modèles pour la « chromo » et des vignettes pour les libraires-éditeurs, avec lesquels ses relations se développèrent.

Il a beaucoup produit.

1. Illustrations.

Douze vignettes pour *les Chevaliers de la Table ronde*, traduction Paulin Paris. — Cent quatre-vingts vignettes pour *Horace*, traduction du comte Siméon. — Soixante-quinze vignettes pour l'*Éloge de la Folie*, d'Érasme. — Six vignettes pour *Entre Messe et Vêpres*, de Marc de Montifaut. — Frontispices pour le *Dictionnaire de la Langue verte* d'Alfred Delvau, *Œuvres de Collier*, *de Desportes*, *les Lauriers ecclésiastiques*, *Mémoires de Clairon*, *les Nuits d'épreuves des villageois allemands*, *le Sultan Misapouf*, *Robbé de Beauvezet*, *la Morale des sens*, *Amélie de St-Phar*, *Histoire d'une Comédienne*, *les Sonnettes*, *Ève ressuscitée*, *l'Étourdi*, *Contes et Nouvelles de Rousseau*, *Ma tante Geneviève*, *l'Abbé en belle humeur*, *Julie ou j'ai sauvé ma rose*, *les Fanfreluches*, *les Vestales de l'Église*, *Éloge du sein des Femmes*, *l'Abbé de Choisy*, *Épigrammes de Rousseau*, *Mémoires d'un tailleur pour dames*, *les Nonnes galantes*, *la Belle Alsacienne*, *les Leçons de la Volupté*, *l'Esprit des Mœurs*, *Amélie ou les écarts de ma jeunesse*, *l'Espion libertin*, *Mémoires de Bachaumont*, *Œuvres de Piron*, *le Joujou des demoiselles*. — Vignettes pour *Pâquerette*, *Mémoires de Grammont*, *la Chézonomie*, *Mémoires d'une Cocodette*, et divers ouvrages publiés par Gay, Barraud, etc. — Quarante vignettes pour l'*Histoire des Comtes de Foix* publiée par Garnier; pour *le Vieux Paris*; frontispice pour le *Guide de l'Amateur de livres à vignettes du XVIIIe siècle*, de Cohen; planches pour *Paris à l'eau-forte*, pour une *Monographie de Saint-Eustache*, etc., etc.

Outre ces vignettes, gravées de sa main, Chauvet a fait pour divers amateurs et bibliophiles quelque chose comme trois mille dessins, destinés à leurs exemplaires spéciaux, sur les sujets les plus variés, depuis les têtes de pages rapidement jetées sur l'exemplaire en papier jonquille de la *Physiologie du Mariage* de Balzac, appartenant à M. Paillet, jusqu'aux miniatures, d'un travail convaincu, et exécutées sur poses de modèles, qui ornent un *Recueil de Cantiques* manuscrit, en 3 volumes in-32, acheté, si je ne me trompe, par le grand-duc Constantin.

2. Pièces diverses.

Ex-libris Jouaust, Paillet, Delâtre (l'imprimeur). — Cartes d'invitation aux dîners de M. Eugène Paillet. — Menu (Fontaine). — Invitations de bal (Pillet-Will, Rey). — Programme d'une représentation de gala des Italiens. — Titres de romances pour l'éditeur Hartmann. — Adresses de Morin, doreur; de Bihn, le marchand de gravures allemand de la rue Richelieu. — Motifs de bijouterie; etc.

CHENAVARD (M.-A.). — Voir pour ce nom, comme dessinateur ou comme lithographe : la collection de *l'Artiste*; les titres et encadrements de pages de l'ouvrage du baron Taylor (au *Languedoc*); les titres du *Debureau* de Jules Janin, etc.

CHENAY (Paul), né en 1818, a gravé :

Plusieurs des fac-simile de dessins du Louvre, que l'Administration des Beaux-Arts faisait exécuter en 1849 (*Marie de Médicis* d'après Rubens, etc.);

Le Larmoyeur, d'après Ary Scheffer;

Portrait de *M. Benoît Fould*, d'après le même;

Portraits de *Balzac* et de *Jules Janin*, in-4.

La Rixe, d'après Meissonier. (On sait que ce tableau vient d'être gravé de nouveau par Bracquemond.)

Victor Hugo, d'après nature, fait à Guernesey en 1860; de face, in-18, avec un fond.

Victor Hugo, de face, in-18, sans fond.

Victor Hugo, de profil, in-18.

Mme Victor Hugo, d'après une étude faite à Guernesey en 1861; in-18 (inédit).

John Brown pendu, fac-simile d'un dessin de Victor Hugo, qui fit grande sensation il y a vingt ans.

Album des dessins de Victor Hugo, reproduits en fac-simile par Paul Chenay, texte par Théophile Gautier. (1)

---

(1) Il eût été bien curieux d'avoir des eaux-fortes de la main de Victor Hugo. M. Burty a essayé d'obtenir que le poète prît, au moins pour une fois, la pointe, et n'a point réussi à l'obtenir.

Nous avons gardé le souvenir d'articles de journaux qui parlaient de dessins de Victor Hugo reproduits par Bracquemond : il est bon d'avertir ici que ces soi-disant reproductions par Bracquemond n'ont jamais existé et doivent être rangées dans la catégorie des estampes-mythes.

CHÉRET (Jules), dessinateur.

Le commun des mortels ne se représente l'estampe que sous sa forme solennelle, et la considère comme un objet de luxe qui se place dans les portefeuilles des amateurs et qu'on s'amuse à regarder de temps en temps : plaisir de désœuvré.

Pour celui qui a l'habitude et l'amour de la gravure, l'estampe au contraire est partout. Il n'est commune si reculée où vous ne voyiez chez le châtelain le portrait du comte de Chambord ; chez le curé, celui du pape ou quelque autre image de sainteté ; à l'église un chemin de croix (généralement détestable) ; chez le maire la chromolithographie des funérailles de Gambetta, à moins que ce ne soit le portrait de Napoléon.

L'estampe est dans nos livres de travail ou de luxe. Elle est à la devanture des marchands de gravures, où elle forme une sorte de musée toujours renouvelé. Elle étale aux kiosques des boulevards les actualités, les portraits, les caricatures, les modes. Entrez-vous au café, on vous l'apporte aussitôt en vous offrant « les illustrés » ; la bouteille placée devant vous porte une étiquette enjolivée : estampe. Vous écrivez une lettre, vous l'affranchissez : qu'est le timbre que vous portez à votre bouche, sinon une petite estampe ? Vous payez avec une estampe de la Banque de France. Aux étalages des libraires, mille volumes s'escriment à vous tenter par des couvertures provocantes : estampes. Derrière les vitres des débitants des placards vous convient aux spectacles en vogue ; chez les éditeurs de musique, d'autres placards retracent les scènes capitales de l'opérette du jour : estampes. Le modèle que vous présente le tailleur ou la couturière : estampe. La romance que chante votre fille est ornée d'une estampe ; l'enfant qui vous accompagne dans un magasin y reçoit en cadeau une petite estampe ; et s'il est sage à son école, il lui sera donné une estampe d'Épinal (choisie, s'il vous plaît, par une Commission officielle). Rue de Rivoli, un personnage louche vous offrira à l'oreille des estampes transparentes (S. G. D. G., pensons-nous. Alors pourquoi le tolère-t-on ?). Si vous dînez en ville, une petite estampe marquera votre place à table, une autre vous indiquera le menu ; le programme du concert qui suivra sera encore une estampe. Enfin et surtout, si la surveillance de l'autorité faiblit un instant, vos yeux ne quitteront plus l'estampe, car tous les murs seront en un clin-d'œil envahis par l'affiche, cette maladie de peau des villes mal tenues.

Ainsi entouré, poursuivi, traqué par l'estampe, l'iconophile serait au supplice si, en toute occasion, il n'avait sous les yeux que des horreurs.

Laissons de côté la question du grand art et du petit art ; l'idéal n'est-il pas cependant que l'art soit en tout, même dans les objets les plus usuels? Les graveurs du XVIIe siècle n'élevèrent-ils pas le calendrier « à la hauteur d'une institution »? Et ceux du XVIIIe ne firent-ils pas des choses exquises des adresses, cartes de visite, ex-libris, etc.?

Il n'y a pas que les hommes d'autrefois qui aient su faire quelque chose de bon. Nous ne savons plus faire ce qu'ils ont fait, mais nous savons faire autre chose. Aujourd'hui c'est l'affiche (l'affiche pour laquelle nous sommes si peu tendre au point de vue de la propreté des villes) qui donne des joies à l'amateur d'estampes. Nous voulons parler d'une affiche spéciale, de l'affiche illustrée. Chéret vient d'en faire un art.

Jules Chéret (1) est parisien. Il est né en 1836. Mis en apprentissage à treize ans comme écrivain lithographe, il se sentit un goût très vif pour le dessin, et désira ardemment quitter un métier qui ne lui convenait en rien, sans issue, dans lequel il perdait son temps. Il se débrouilla tout seul, apprenant à dessiner sans maître, point guidé, mais aussi point contrarié dans l'originalité de sa tendance. A vingt ans il passa en Angleterre, où pendant dix ans il lithographia des titres de morceaux de musique et des affiches illustrées.

Dès qu'il se sentit complètement maître de son

(1) Jules Chéret n'est nullement parent de l'habile peintre-décorateur de ce nom.

procédé, la nostalgie de Paris le prit et la pensée du retour l'obséda. Paris, ses arts, ses modes et ses spectacles, c'est le champ qu'il lui fallait désormais. Il revint y exploiter sa spécialité, utilisant les machines d'invention nouvelle qui permettaient de tirer à bon marché dans de grands formats.

C'est en 1866 qu'il fonda son imprimerie et lança sa première affiche, *la Biche au bois* pour la Porte-Saint-Martin. La seconde fut celle de *Valentino* (un polichinelle et deux femmes costumées, se détachant sur un fond noir) qui est un de ses chefs-d'œuvre.

Le succès fut grand. Chéret venait de créer, avec un instinct admirable, le dessin approprié à l'affiche; de plus, il y ajoutait l'art de produire le maximum d'effet avec un très petit nombre de couleurs (1), et d'utiliser ingénieusement les

(1) En principe, les affiches de Chéret sont tirées par trois impressions superposées.

L'une, en *noir*, établit le dessin bien accusé, et habilement composé pour recevoir en certaines places l'enluminure énergique du rouge, qui est la couleur la plus violente et tire l'œil.

L'autre impression donne cette *tache rouge*.

La troisième vient harmoniser la note brutale du rouge au moyen d'un *fond gradué* : les tons froids, bleus ou verts, placés en haut de l'affiche ; les tons chauds, jaune ou orangé, placés dans le bas.

Le fond gradué était employé déjà pour les papiers à dessiner ; mais c'est Chéret, je crois, qui a eu le premier l'idée de l'appliquer aux affiches.

Cette triple impression est devenue, pour les affiches de Chéret, le procédé normal, classique.

Dans les cas exceptionnels, il ajoute une quatrième impression pour le *jaune*. Quelquefois même, mais très rarement, une cinquième.

caractères des titres et les légendes comme motif d'ornementation.

Sa verve est merveilleuse : il dessine d'un jet, lançant son croquis avec la promptitude, la décision et la vigueur que M. Ingres recommandait à ses élèves par ce précepte significatif : *un couvreur tombe du toit : avant qu'il soit à terre vous devez l'avoir posé sur le papier en quatre lignes*. Puis, les « quatre lignes » posées, et les formes délimitées par un contour élégant, Chéret place vivement quelques contrastes sombres et lumineux, qui animent aussitôt son dessin et le font sauter à l'œil.

Ce dessin, d'un jet si vigoureux, est d'une vérité de gestes admirable et d'un goût qui ne se dément jamais. Beaucoup de ses affiches sont des tableaux, — tableaux exécutés avec les moyens simples qui conviennent à une production industrielle et à bon marché, mais tableaux.

Aussi la prospérité de son imprimerie alla toujours grandissant. En 1881, il l'a cédée à la maison Chaix ; mais il en a conservé la direction artistique. Riche et indépendant, Chéret a plus que jamais la passion de ses affiches. Il y apporte le même soin que le premier jour. Toute affiche qu'il signe est non seulement faite en croquis sur le papier, mais encore dessinée sur les pierres par lui-même.

Ainsi qu'il arrive le plus souvent, ce furent

les rapins et les collectionneurs qui découvrirent l'artiste qui était en Chéret. Le public ne fit que suivre.

Qui passe aujourd'hui devant une affiche de Chéret sans s'arrêter? Surtout si, au lieu d'être une simple annonce commerciale, elle s'applique à une production littéraire, ou mieux encore à tout ce qui se rapporte aux spectacles : là, le dessinateur n'est plus gêné par les exigences d'un industriel qui entend lui dicter sa composition, et il donne des affiches admirables.

Voyez, par exemple, celle du journal anglais *Pan*, que la *Gazette des Beaux-Arts* a récemment reproduite : quelle vigueur dans cette tête de satyre, et comme elle est harmonieusement accompagnée par les fantastiques lettres rouges de la légende! Voyez les trois dramatiques affiches annonçant la publication des *Mystères de Paris*, quel effet! et il est encore plus grand, examinées dans le cabinet du collectionneur, que sur les murs. Et ses clowns, ses jongleurs, ses acrobates dans les affiches des cafés-concerts ou de l'Hippodrome : qu'ils sont alertes et spirituellement faits. Et le grand pierrot de l'affiche de la *Tertulia*, un vrai chef-d'œuvre!

Voyez encore, dans les affiches d'étrennes des magasins de nouveautés, comme Chéret dessine les bambins, comme il rend la gentillesse de la petite fillette parisienne si coquettement habillée.

Voyez surtout, dans les affiches de spectacles, de pantomimes et de ballets, ses femmes, comme il leur donne une piquante désinvolture : — ses femmes si françaises, descendant en ligne directe, ne vous y trompez pas, des françaises de Watteau.

Jamais, cela est remarquable, jamais Chéret ne donne à la femme l'air commun ou indécent : il n'y a pas à lui reprocher le moindre écart sur ce point. On reconnaîtra que ceci n'est pas sans mérite, si l'on réfléchit que ses affiches ont mission de faire la parade à la porte d'établissements où la femme ne brille pas précisément par la retenue : skatings, Folies-Bergère, bals publics. Il n'importe : écuyères ou chanteuses d'alcazar, danseuses ou femmes-canon, il les relève toutes par l'élégance de sa manière personnelle.

En créant ce genre tout nouveau, Chéret créait du même coup une industrie, aujourd'hui florissante. L'affiche illustrée est entrée dans nos mœurs; dix imprimeries spéciales s'y adonnent et prospèrent. Et partout le dessin de Chéret a été imité.

Imité, oui. Égalé, non. Double preuve de sa valeur.

Quel malheur que la destinée des affiches, — et nulle illusion n'est permise à l'artiste à cet égard, — soit de durer ce que durent.... les affiches : fanées, passées en quelques jours, déchirées ; ou même prématurément recouvertes par d'autres affiches, qui pratiquent impudemment le précepte *ôte-toi de là que je m'y mette!*

Heureusement le collectionneur est là, veillant à ce qu'aucune affiche ne lui échappe, il se tient au courant; il répare, dans la mesure de ses forces, les ravages de la destruction.

Il recueille les affiches, il a des délicatesses de mère pour manipuler leur papier si cassant [1], il les remet dans leurs plis et les dépose dans ses cartons avec la régularité d'une maîtresse de maison empilant son linge.

Le collectionneur d'affiches est une variété nouvelle. Il y en a déjà de passionnés, qui usent de tous les moyens pour se procurer les précieux papiers; ils ont l'œil et le flair du trappeur, ils emploient toutes les armes, l'insinuation, la ruse ou la violence. [2]

---

(1) Le papier d'affiches ne contient de matières textiles que *juste ce qu'il faut pour retenir le plâtre* dont il est à peu près entièrement composé!

Que c'est beau, l'industrie!

Faire du papier avec des coquilles d'œufs! C'est ça, dirait Gavarni, qui donne une crâne idée de l'homme!

Et ici il n'y a pas moyen de se fâcher; car il est évident qu'en matière d'affiches, le bon marché s'impose avant tout.

Mais dans les soi-disant beaux papiers dont sont faits les soi-disant beaux livres d'aujourd'hui, livres d'étrennes, etc., un quart de plâtre!

Méfions-nous des livres qui pèsent!

(2) On cite des gentlemen qui se sont déguisés en petits libraires de province pour aller quémander des affiches à l'imprimerie. Après une forte pluie, (sans vouloir les comparer aux champignons), les collectionneurs sortent subitement, pour essayer de décoller quelque affiche détrempée. On en cite qui se sont fait mettre au poste pour ce fait.

Ne raillons jamais le collectionneur, malgré ses manies. D'ailleurs, que lui importe? Il poursuit obstinément son utile besogne. Grâce à lui, longtemps après que les affiches auront disparu de nos murs, on les retrouvera dans ses cartons, encore fraîches et brillantes.

Curieux chapitre d'histoire !

Car les affiches sont un microcosme de notre société : touchant à tout, elles donneront des renseignements précieux sur nos habitudes, nos mœurs, nos costumes, notre nourriture, nos lectures, nos maladies, nos plaisirs surtout; elles feront connaître aussi, dans ses promesses alléchantes variées sous mille formes, dans ses boniments ingénieusement renouvelés, dans son développement inouï, un curieux engin de la moderne Publicité, auprès duquel la trompette de l'antique Renommée n'est que joujou d'enfant.

Aussi faut-il cataloguer des affiches tout comme des burins et des eaux-fortes. Et pourquoi pas?

En ce qui concerne celles de Chéret, d'abord, ce sont des œuvres d'art. Et puis, pour en revenir à ce que nous disions en commençant, l'estampe n'a pas pour mission exclusive d'être la reproduction de la *Vierge à la Chaise* ou de la *Joconde*. C'est la vouloir imparfaitement connaître que se cantonner dans les reproductions de tableaux de maîtres, et se refuser à l'étudier dans ses innombrables manifestations comme auxiliaire du commerce, de l'industrie et de la réclame, dans les conditions que lui fait la vie moderne. Pour nous, nous avouons sans honte que, si nous étions collectionneur du vingt-deuxième siècle, nous serions fort aise, après avoir recueilli les chefs-d'œuvre de l'eau-forte et du burin, d'apprendre aussi par de curieux documents imprimés comment on s'amusait trois siècles auparavant, quelles cabrioles faisaient les prodigieux Hanlon-Lees, quelle figure avait Paulus-le-Grand, qui avec ses *scies* donnait la danse de Saint-Guy à toute une salle, comment la jeune danseuse qui répondait au nom poétique de « Grille-d'Égout » faisait le grand écart, et avec quel déhanchement une étoile de café-concert lançait par dessus la rampe cette vigoureuse poésie : *Qui qu'a vu Coco dans l'Trocadéro ? Co dans l'Tro, Tro dans l'co ?* Cela n'est pas à dédaigner, et le travailleur acharné qui alors saura ces choses et en tirera un « Tableau de la société française au XIXe siècle » ira droit à l'Académie des Inscriptions. Puisse le catalogue qui suit lui en faciliter l'accès.

Et insistons sur ce point : le travailleur qui ne connaîtra notre société que par les affiches de Chéret n'en aura pas mauvaise opinion. Chéret n'est pas un calomniateur de son époque. En ce temps de « décadents », de « putréfiés » et de « dégoûtantistes », où c'est à qui nous représentera plus lugubres et plus répugnants, trouver un idéaliste qui apporte dans l'affiche une fleur de grâce française, ce n'est pas ordinaire !

LES AFFICHES DE JULES CHÉRET.(1)

1. Machines à coudre, machines agricoles, etc.

1. La *Fée*, machine à coudre automatique à moteur mécanique.
2. Une année de crédit sans augmentation de prix, machine à coudre de la Compagnie Singer.
3. Trois francs par semaine, machines à coudre véritables Singer, prix 175 fr.
4. Machine à coudre Vigneron.
5. Cueilleuse Dubois, canne de jardin.

   L'affiche montre cette *cueilleuse* tenue par une fort gentille jeune femme.
6. Faucheuses, moissonneuses Burdick et Wheeler.

7-9. Faucheuses Pilter. — Machines agricoles Pilter. — Moissonneuse Pilter.

10. Moissonneuse *la Française*, construite par Cumming à Orléans.

11-12. Tondeuses archimédiennes, pour pelouses. (Deux affiches.)

13-14. Fers rustiques, Méry Picard. — Clôtures en fer, id.

15. Serrurerie artistique, Thiry jeune, G. Sohier.

---

(1) On a indiqué en *petites capitales* les titres des affiches plus particulièrement intéressantes ; en *grandes capitales* ceux des affiches exceptionnellement remarquables.

2. Meubles, etc.

16. Plus de frottage à la cire, plus de siccatif : *Brillant florentin* ; Ménétrel et Cie.
17. Remettez vous-même tous vos meubles à neuf avec le *Brillant-meubles* Thomasset frères.
18. *Brillant-Buhler*, secret des cuisinières pour nettoyer et remettre à neuf tous les métaux.
19. Teinture industrielle des ménages. Tardy frères et sœur.
20. En versant 5 francs, au *Bon Génie*, on a de suite une jolie pendule bronze doré.

    Dans ce style-là, la meilleure formule sera toujours celle des affiches du magasin de *l'Œil* : *On donne* A L'ŒIL, *un paletot* POUR 65 FRANCS, etc., etc.
21. FÊTE DU 14 JUILLET : DISTRIBUTION DE DRAPEAUX faite gratuitement par le *Bon Génie*.
22. En versant 3 francs au *Grand crédit Parisien*, on a de suite une voiture d'enfant.
23. Lavabo-Fontaine-Glace, s'accrochant à tous les murs. (Affiche avec une série de dessins humoristiques, faisant ressortir les avantages de ce meuble cumulard.)
24. *Aux Paragons*, parapluies en tous genres garantis : Suet aîné.

25-28. Bazar du Voyage, place de l'Opéra. (Quatre affiches.)

3. Industries diverses.

29. INSECTICIDE VICAT, mort aux punaises.
30. Admis dans les hôpitaux de Paris : Pulvérisateur Marinier, maladies des voies respiratoires.
31. Hôpital d'animaux, — traitement spécial des chiens, — J. Truaut.
32. Le *Petit Bethléem*, œuvre des nouveau-nés.
33. Le *Gresham*, compagnie anglaise d'assurances sur la vie.
34. Assurance contre le bris des glaces, *la Célérité*.
35. COMPAGNIE GÉNÉRALE DES CARRIÈRES LITHOGRAPHIQUES.
36. PICHOT IMPRIMEUR-ÉDITEUR.
37. Société générale de distribution d'imprimés : Janvier et Cie.
38. Abonnement de lecture : 200,000 volumes, dix francs par an, etc.

39. Grande livraria popular; Magalhaes & Compa. Maranhao.

40. Reduçao de preços, 1875, novembro 12, Sexta ferra a pendula fluminense.

41. Alambre de acero invencible da Creusot.

42. Sociedad de los Ferro caniles de Madrid a Caceres y a Portugal.

43. A Bodegones, casa Ymar, gran establecimiento de Ropaheca.

44. Affiche russe, tête de femme.

45. Parc de la Malmaison, terrains boisés à vendre depuis 3 francs le mètre.

Une mention spéciale et à part est due aux deux affiches qui suivent (demi et quart colombier), à cause de leur légende archicélèbre annonçant que :

46-47. Pierre Petit opère lui-même dans ses nouveaux ateliers occupant 2,200 mètres. Entrée nouvelle, 31 place Cadet.

4. Parfumerie.

48-49. Lactéoline, le flacon 2 fr., sel pour bain et pour toilette. (Grande et petite affiche.)

L'artiste nous présente la Lactéoline sous la forme d'une très gracieuse sirène. Intention profonde, qui avertit combien sont décevantes les promesses de la parfumerie! Éternelle jeunesse, conservation de la beauté, opérations qu'en politique on nomme « replâtrage » ou « tentative de restauration » : chimères!

Voici maintenant un produit des plus célèbres :

50-51. Huile de macassar Naquet, soixante années de succès. (Grande et moyenne affiche.)

Le sujet est une belle jeune femme à la chevelure suropulente et dénouée, devant une glace.

52. Parfumerie des Fées, Sarah Félix.

53. Eau des Fées pour la recoloration des cheveux, 1879.

54. Veloutine Fay.

55. Parfumerie des châtelaines; Chalmin, chimiste, Paris, Bruxelles, Rouen.

56-57. Eau Raphaël, le flacon 1 fr., désinfectant, insecticide, incolore, inodore. (Affiche et placard.)

C'est égal, *insecticide* est tout un poème : qu'est-ce que l'*Eau Raphaël* fera penser de nous, grands dieux?

58. Fabrique de parfums Roger et Gallet : nouveau bouchage.

59. Parfumerie E. Coudray, calendrier perpétuel. (Placard pour les boutiques de coiffeurs.)

60. Réputation universelle : régénérateur de la chevelure, Dr. Hamilton's hair restorer. (Placard.)

61. Mrs Allen's World's hair restorer. (Placard.)

5. Bains, Établissements thermaux.

62. Bains de la Porte Saint-Denis.

63. ÉTABLISSEMENT THERMAL DE VITTEL, dépôt général à Paris.

64. Établissement thermal de Saint-Gervais.

65. Plage de Boulogne-sur-Mer.

66. Palais-Biarritz.

67. Enghien chez soi, guérison radicale. (Placard.)

Chacun en sait le motif : le monsieur qui ouvre une énorme.... bouche devant le jet poussiéreux du pulvérisateur. Connaissez-vous une affiche plus obsédante, si ce n'est celle du magasin de *l'Hérissé*?

6. Chauffage, éclairage.

68-70. Diminution du gaz : Nouvelle cuisinière universelle au gaz, Chabrier jeune, économie 50 p. %, propreté, commodité. (Trois affiches.)

Elles suffisent, bien que s'appliquant à un sujet vulgaire, à montrer comment le dessinateur prend toujours les choses par le côté élégant : une jeune et fraîche cuisinière fait ici du bout des doigts cette cuisine délicate et soignée que les maîtresses de maison appellent de la *cuisine de femme de chambre.*

71. Marmite américaine : économie de plus de 50 pour cent, aucune surveillance ; expériences tous les jours.

72. Rôtissoire automatique : se trouve chez tous les quincaillers.

73-75. LE MEILLEUR DES ALLUME-FEUX, le plus économique est la *Semelle résineuse.* (Deux affiches et prospectus.)

76. Économie !! Économie !! Économie !! Charbon nouveau.

77-78. CHARBON DES PREMIÈRES SORTES, entrepôt général de Courcelles. (Deux affiches.) (1)

79. Avoir chez soi un réchaud alimenté par le *Calorigène-Solas.*

80. Société de Choubersky, poële mobile.

81. Heu-Guillemont ; entreprise d'éclairage par le schiste.

7. Restaurants, comestibles, etc.

82. GRANDE TABLE D'HÔTE, MAISON RICHARDOT, 6 rue du Mail. Demandez le filet Richardot. Déjeuner 1 f. 60, dîner 2 f. 10.

Affiche intéressante donnant une vue de la table d'hôte au complet, chacun se livre à une mastication convaincue. *Fervet opus.* Ça donne faim !

83. PARIS L'ÉTÉ, RESTAURANT DES AMBASSADEURS. (Moyenne affiche.)

Vue de l'établissement (très flatté comme dimensions !).

84. *Ofmeat*, compagnie française.

85. CHICORÉE DANIEL VOELKER.

86. AU TAMBOURIN : Goûtez l'incomparable timbale bolonaise.

87-88. TRIPES A LA MODE DE CAEN les plus friandes, 117, rue du Temple. (Deux affiches, dont l'une très grande.)

Les tripes sont offertes par une jeune et vigoureuse Normande, superbement campée. *Oh! la belle personne!* comme disait Gil-Pérès dans *Tricoche et Cacolet.*

89. TRIPES A LA MODE DE CAEN : au vrai régal. (Placard.)

90. CONFITURERIE DE St-JAMES.

91. Malaga, Madère, Sociedad andaluza, rue de l'Échiquier.

(1) Rappelons ici qu'une des affiches les plus répandues de Paris, celle du *Charbon d'Ivry*, est de Daumier.

92. Demandez *l'Ambelanine*, sirop indien.

93. CALORIC BANCO, boisson nationale de Suède. — (!!!!!).

94. LE VRAI BONHEUR EST !!!. — (Cette légende est sur une petite affiche représentant une jeune femme qui fume une *cigarette orientale.*)

8. Nouveautés. Magasins divers.

95. *Au Louvre.* (Deux modèles de costume pour dames.)

96. *A la Capitale*, 1873, étrennes.

97. *A la Chaussée Clignancourt.*

98. *Aux Écossais.*

99. *A L'EST.* — (Une Alsacienne.)

100-106. *Aux Filles du Calvaire*, mise en vente annuelle de toutes les marchandises démodées, défraîchies ou avariées par les étalages. — Six autres affiches.

107. Grands Magasins de *la Moissonneuse*.

108-109. Grands Magasins de *la Paix.* (Deux affiches.)

110. *Au grand Turenne.*

111. Calendrier pour le Magasin de la *Ville de Lille.*

112-120. *A Voltaire.* (Neuf affiches, vêtements tout faits.)

121. *A la Magicienne.*

122-123. *Au Masque de Fer.* Deux affiches (reproduction de l'enseigne peinte par Abel de Pujol).

124. *A la Nouvelle-Héloïse.* (Le portrait de Julie).

125. *Au Panthéon*, grande maison de nouveautés expropriée en 1876. Réouverture le 8 octobre.

126-128. *A la Parisienne*, la plus grande maison de confections pour dames. (Trois affiches.)

129. *Au Roi des Halles*, vêtements pour hommes, tout faits. On ne reçoit aucun bon de crédit.

130. *A la Ville de Paris.*

131. L. Suzanne, boulevard Saint-Germain, Orphéons, équipements, pompes à vapeur.

Peu d'affiches ont une légende plus connue que la suivante, qui nous poursuit partout :

132. *Maison du Chatelet. Peste mon cher comme te voilà mis !...* etc.

Mais en fait de légendes aucunes ne peuvent lutter, pour l'ingéniosité du tour, avec les suivantes, imaginées par la maison du *Grand Bon Marché*. Il faut considérer comme un chef-d'œuvre bouffon l'exclamation de cet homme à l'air surpris et satisfait qui s'écrie :

133. *Je viens de faire le tour du Monde! Rien ne m'a plus étonné que les prix exceptionnels des vêtements de la maison du* GRAND BON MARCHÉ!

Voici d'autres variétés de ce genre de réclame :

134. *Les gens soucieux de leurs intérêts profitant des avantages immenses offerts par la maison du* GRAND BON MARCHÉ.

135. *Pour défier les rayons brûlants du soleil, achetez le superbe alpaga 9 fr.*

On voit un soleil qui semble crever de dépit de ne pouvoir transpercer de ses rayons le « superbe alpaga ».

136. *Comment me trouvez-vous...* etc. ?

137. *15 francs, tel est le prix d'un pardessus au* GRAND BON MARCHÉ.

Mais une invention de génie, c'est l'affiche double, par demandes et par réponses ; la seconde affiche se posant quelques jours après la première, lorsque l'imagination est fortement tendue et surexcitée. Il s'engage alors des dialogues palpitants :

138. *Trouvez la superbe jaquette H[te] N[té] d'Elbeuf à 14 f.!*

Oui, trouvez-la ! Cherchez le chat ! Eh bien voilà : une seconde affiche va nous apprendre que

139. *On trouve la superbe jaquette à 14 f. au* GRAND BON MARCHÉ.

En voici une autre. Sur une longue et étroite bande de papier, vous voyez une foule immense qui se précipite, *turba ruit* ou *ruunt*. C'est une file à perte de vue ; et la légende nous demande

140. Où COURENT-ILS ?

Oui, où courent-ils ? Vous voudriez bien le savoir, hein ? Mon Dieu, c'est bien simple :

141. *Vous les avez vu courir ? Ils se rendent tous à la vente des vêtements confectionnés pour hommes du* GRAND BON MARCHÉ.

142-143. *Aux Galeries sedanaises.* (Deux affiches.)
144. *La Belle Fermière*, à Rouen.
145. *Maison des abeilles*, à Bordeaux. (Jolie affiche.)
146. *Le Louvre*, au Mans.
147. *Le Louvre*, à Avignon.
148. *Le Printemps*, à Toulouse.
149. *Aux Deux Nations*, à Lille.
150. *Au Printemps universel*, à Bruxelles.
151. *Au Phare de la Loire*, à St-Étienne.
152-153. *Au Pont-Neuf*, à St-Étienne. (Deux affiches.)
154. *Au Pont-Neuf*, au Hâvre.
155. Draperies, maison Bertin frères à Landrecies.
156. *La Belle Jardinière*, à Nice.
157. *La Belle Fermière*, à Rouen.

9. NOUVEAUTÉS. — *AU PETIT SAINT-THOMAS.*

158. *Au petit Saint-Thomas.* Exposition de manteaux, robes.
159. *Id.* — Inauguration d'une exposition de fleurs naturelles.
160. *Id.* — Ouverture de la saison d'été. (Fillette tenant des fleurs.)
161. *Id.* — Exposition de jouets pour étrennes. Lundi 20 novembre. (Dame et enfants tenant des livres.)
162. *Id.* — Jouets, étrennes. (Placard colombier imprimé en rouge.)
163. *Id.* — Tout le mois de décembre exposition de jouets et articles pour étrennes. (Fillette tenant une trompette : affiche quadruple colombier.)
164. *Id.* — Jouets, livres, et nouveautés. (Moyenne affiche. Un pierrot assis sur la lettre *J*.)
165. *Id.* — Grande mise en vente annuelle des soldes d'été avec 40 et 50 p. °/₀ de rabais.
166. *Id.* — Tapis d'Orient.
167. *Id.* — Exposition de manteaux.
168. *Id.* — Ouverture de la Saison d'hiver.
169. *Id.* — Ouverture de l'exposition des Jouets.

10. NOUVEAUTÉS. — *AU PRINTEMPS.*

170. GRANDS MAGASINS DU *PRINTEMPS*. ÉTÉ, 1880. — Ouverture de l'exposition.

171. *ID.* — HIVER.

172. *ID.* — JOUETS 1884. (Affiche bleue ; joujoux et petits enfants : c'est charmant.)

11. NOUVEAUTÉS. — *A LA PLACE CLICHY.*

173. *A LA PLACE CLICHY*, JOUETS 1881. (Enfants regardant avec envie des jouets attachés aux lettres des mots *Place Clichy*. Très jolie affiche.)

174. *ID.* — EXPOSITION DE JOUETS, dans les agrandissements en cours d'exécution. (Fillette tenant des jouets.)

175. *ID.* — OUVERTURE DE L'EXPOSITION SPÉCIALE DE SOIERIES. (Dame à sa fenêtre, etc.)

176. *ID.* — COSTUME DAMIERS en pure laine, 55 fr. (Dame vêtue d'une robe en damier, et deux fillettes habillées de rouge. Très joli.)

177. *ID.* — INAUGURATION DES AGRANDISSEMENTS. (Dame et jeune fille.)

178. *ID.* — NOUVEAUTÉS, SOLDES, COUPONS.

Toutes ces affiches sont très grandes, de format quadruple colombier. Très belles.

12. NOUVEAUTÉS. — *A LA VILLE DE St-DENIS.*

179. *A LA VILLE DE SAINT-DENIS*, INAUGURATION DES AGRANDISSEMENTS. (Cartouche tenu par deux bébés. Peu de chose, mais très gracieux.)

180. *Id.* — Exposition générale des nouveautés d'hiver ; la confection au prix incroyable de 25 f. 50.

181. *Id.* — Jouets d'enfants, nouveautés à très bon marché.

13. NOUVEAUTÉS. — *AUX BUTTES CHAUMONT.*

182. *AUX BUTTES CHAUMONT.* JOUETS, OBJETS POUR ÉTRENNES.

Cette grande affiche, quadruple colombier, est un des chefs-d'œuvre de Chéret. Elle représente une bande de coquets babyes, joyeux de posséder des polichinelles. Les lettres du titre forment motif d'ornementation. Mais on pourrait détacher le milieu, où se trouvent les enfants, et l'exposer au Salon comme un tableau.

183. *AUX BUTTES CHAUMONT.* JOUETS, OBJETS POUR ÉTRENNES. (1885, quadruple colombier.)

Un babye, comme Chéret sait les faire, a enfourché un cheval de bois : l'enfant tient triomphalement un polichinelle et une trompette. C'est encore là une affiche admirable.

184. *ID.* — ÉTRENNES. (Double colombier.)

185. *ID.* — PRIME A TOUS LES ACHETEURS. (Quadruple colombier.)

186. *ID.* — (Dame et fillette.)

187. *ID.* — (Dame, jeune fille et fillette.)

188. *Id.* — Agrandissement considérable des grands magasins, exposition générale.

189-200. *Id.* — Douze affiches diverses.

14. LIBRAIRIE, JOURNAUX.

201-202. *PAN.* price 1 d., a journal of satire, edited by Alfred Thompson, Every Saturday. (Grande et petite affiche.)

Un chef-d'œuvre. A été reproduit dans la *Gazette des Beaux-Arts* en 1884.

203. *LONDON FIGARO*, one penny, sold every where.

204. *ALBUM THÉATRAL ILLUSTRÉ.* En vente chez tous les libraires.

Cette publication, introuvable aujourd'hui, n'a eu que trois numéros. La partie littéraire était confiée à Arnold Mortier. Jules Chéret s'était réservé la partie artistique. On ne peut que regretter la disparition de cet *Album théâtral.*

205. *ALMANACH-GUIDE DE LA MÈRE DE FAMILLE pour 1877.* (Petit placard.)

206. Jardinage, etc. Journal *la Maison de Campagne*, 18me année.

207. *Musée des Familles*, St-Nicolas, librairie Delagrave.

208. *Le Petit Caporal*, journal quotidien.

209-210. *La Nouvelle Vie militaire*, texte par Adrien Huart, illustrations coloriées par Draner. (Affiche et placard.)

211-212. *Les Parisiennes*, par Grévin et A. Huart. (Affiche et placard, d'après le dessin de Grévin.)

213. *Les Damnés de Paris*, illustrations de Ferdinandus, par Jules Mary.

214. *Les Misérables*, par Victor Hugo. 10 c. la livraison illustrée.

215. *Histoire d'un crime*, par Victor Hugo. 10 c. la livraison illustrée.

216-217. Magnifique publication illustrée : *Jean Loup*, par Émile Richebourg, illustrations hors ligne par Kauffmann. (Grande affiche et placard.)

218. *La petite Mionne*, par Émile Richebourg. (Affiche et placard.)

219. *Les Mystères du Palais-Royal*, par Xavier de Montépin.

220. *David Copperfield*, par Charles Dickens, Hachette & Cie. (Belle affiche, n'a pas été publiée.)

221. *LE DRAME DE PONTCHARRA*, par Paul Saunière, la 1re et la 2me livraison sont données gratuitement à tout le monde.

222-224. *LES MYSTÈRES DE PARIS*, par Eugène Sue. (Trois affiches, qui comptent parmi les chefs-d'œuvre de Chéret) :

I. La Cité : Fleur-de-Marie sur sa porte, lutte de Rodolphe et du Chourineur. (Quadruple colombier.)

II. La Chouette faisant mendier Fleur-de-Marie enfant. (Double colombier.)

III. Médaillon de Fleur-de-Marie. (Colombier.)

225. *Les Sept Péchés capitaux*, par Eugène Sue.

226-226 bis. *Œuvres de Rabelais*, illustrées par Robida, 1885. (Grande affiche quadruple colombier, en hauteur, et une autre double colombier.)

C'est une innovation que ce format d'affiche haut et étroit, obtenu par quatre feuilles colombier mises les unes au dessus des autres.

Cette affiche appelait forcément l'attention sur le *Rabelais* illustré par Robida.

Ajoutons que cette illustration pleine de verve obtient présentement un plein succès.

227. *Le Figaro illustré*, pour paraître le 1er décembre 1885. (Double colombier. — Une autre affiche, quart colombier.)

228-229. *Le Comte de Monte-Christo*, par Al. Dumas, 10 c. la livraison illustrée, Rouff éd. (Une très grande affiche, et une double colombier.)

15. ROMANS-FEUILLETONS.

230. *La Fille des Voraces*, grand roman inédit de Jules Lermina. (Dans le *Petit Lyonnais*.)

231. *La Bande Graft*. (Assassinat de l'horloger Péchard, à Caen. Publié par le *Petit Lyonnais*.)

232. *Les Mystères de Paris*. (*Petit Lyonnais*.)

233. *Tartufe au village*, roman dramatique par Ernest Daudet. (*Lyon républicain*.)

234. *Les Filles de Bronze*, dramatique roman par Xavier de Montépin. (*Id.*)

235. *Le Drame de Poleymieux*, par Victor Chauvet. (*Id.*)

236. *LE BATAILLON DE LA CROIX-ROUSSE*, par Louis Noir. (*Id.*)

237. *LE CAPITAINE MANDRIN*, voir le *Lyon républicain* du 25 janvier 1885. (Très belle affiche.)

238. *Les Crimes de Peyrebeilles*, par Victor Chauvet.

239. *Lyon républicain*, grand format, 5 c. le numéro; tirage 115,000 exemplaires.

240. *L'Esclave blanche*, par Gustave Aimard. (*Journal du Dimanche*.)

241. *Les deux Apprentis*, par Paul Saunière. (*Id.*)

242. *Le Crime des femmes*, par Raoul de Navery. (*Id.*)

243. *La Chaumière du proscrit*, par Gustave Aimard. (*Id.*)

244. *La Fille du meurtrier*, par Xavier de Montépin. (*Id.*)

245. *Les Mémoires d'un assassin*, par Louis Ulbach. (*Id.*)

246-247. *Les Ennemis de M. Lubin*, grand roman par Constant Guéroult. (*Petite Presse*. Deux affiches. Jeune marchande de journaux alsacienne à coiffure tricolore.)

248. *L'Ogresse*, histoire de Pierre Pentecôte dit Parisien.

249. *La Belle Humeur*, par Paul Féval. (*Petit Moniteur*.)

250. *La Grande Brulée*, par Édouard Siebeker. (*Petit Parisien.*)

251. *Les Assommoirs du grand monde*, par William Cobb. (*La Lanterne.*)

252. *La Cloche* publie *la Domination du moine*, roman par Garibaldi.

16. Panoramas, etc.

253. Grand Panorama des Cuirassiers de Reischoffen, par Poilpot et Jacob.

Chose singulière. Quand nous étions les grands vainqueurs, nous n'avions qu'un seul panorama. Lorsque nous n'eumes plus à représenter que des événements désagréables, les panoramas pullulèrent. Nous fumes attaqués d'une *panoramite* aiguë et nous voulumes fiévreusement

En grands panoramas mettre tous nos désastres.

En ce qui concerne le panorama des cuirassiers de Reischoffen, nous avons toujours conservé une dent contre lui : il nous a fait éprouver une trop forte déception. On entrait pour voir un spectacle héroïque ; on se représentait un ouragan de cavaliers se ruant à la mort avec un emportement sublime. Ah bien oui ! Pas plus de cuirassiers que sur la main ! Le moment choisi par les peintres, disait le programme, est l'instant précis où la fameuse charge *vient d'avoir lieu !* Conséquemment, puisqu'elle vient d'avoir lieu, elle n'a plus lieu : et l'on ne voyait que des prussiens (c'était peu régalant) enlevant à la bayonnette.... un lot d'instruments abandonnés par une musique d'infanterie.

L'affiche de Chéret était très supérieure au panorama lui-même, comme effet dramatique.

254-255. Grand panorama national : Défense de Belfort. (Grande et petite affiche.)

Un bon point à Castellani. Son panorama était le seul qui fût susceptible de faire éprouver quelque ardeur patriotique.

256. Panorama national, boulevard de Hainaut. *Ulundi*, dernier combat des Anglais contre les Zoulous, par Ch. Castellani.

257. Captain Castellani's diorama siege of Paris, the charge of Bourget.

258. Palais de l'Industrie; Union franco-américaine, Diorama.

259. Union franco-américaine, monument commémoratif de l'Indépendance.

260. La Liberté éclairant le monde.

17. Musée Grévin.

261. Musée Grévin, incessamment ouverture.

262. Ouvert de 11 h. du matin à 11 h. du soir. Musée Grévin. Expédition du Tonkin, mort du commandant Rivière, etc.

263. Musée Grévin, auditions téléphoniques : audition, le concert de l'Eldorado.

264. Musée Grévin : tous les soirs de 8 h. à 10 h. 3/4, concert des Tziganes.

265. Musée Grévin : Apothéose de Victor Hugo. Galerie des célébrités modernes.

18. Jardin d'Acclimatation.

266. Arrivée des Nubiens.

267. Arrivée des Indiens Galibis.

19. Skatings.

268. Skating-rink, cirque des Champs-Élysées. (Petite affiche représentant deux patineuses. Ce fut au cirque que débuta la folie du patinage.)

269. Skating-Palais, salle de patinage la plus vaste et la plus magnifique du monde, 55, avenue du Bois-de-Boulogne.

Cet établissement dura peu ; mais il nous souvient que c'était fort curieux à voir, au moment de la plus forte frénésie de patin.

270. Skating de la rue Blanche, entrée 1 fr.

271. Skating St-Honoré : Mahomeds et sa troupe composée de 15 Arabes.

272. Skating-Théatre, bal masqué.

Déjà les joies pures du patin à roulettes étaient insuffisantes et il fallait les corser de plaisirs plus épicés !

273. Skating-rink de la Chaussée-d'Antin, concerts tous les soirs.

274. Casino-skating-bal, 16 rue Cadet.

275. Bal Bullier, skating-rink du Luxembourg.

Aimez-vous les skatings? On en a mis partout, en province et à l'étranger; voyez plutôt:

276. SKATING-RINK, funciones de patines.

277. SKATING-RINK, grandes bailes de mascaras; entrada para caballeros, $ 25.

20. CIRQUE D'HIVER.

278. *UNE CARAVANE DANS LE DÉSERT.* (Jolie affiche, double colombier.)

279. *CENDRILLON.* (Id.)

280. L'Homme-obus.

21. HIPPODROME.

281. TOUS LES SOIRS REPRÉSENTATION. (Écuyère à cheval).

282. — — (Écuyère et clown).

283. — — (Écuyère et clowns).

284. — — (Poses plastiques et divers sujets).

285. — — (Écuyère, travail à cheval).

286. — — (Un « culbutis » de clowns, très drôle).

287. CLOWNS (sans légende).

288. Japonais et dompteurs (id.)

289. Dompteur et Japonais.

290. Porte-veine, course comique et grotesque.

291. Le Cheval de feu.

292. Melle ÉLISA DE VIENNE, les Aztèques, Holtum et Miss Anna, Medrano le bandit.

293. Travail phénoménal : cinq bœufs dressés en liberté.

294. Douze chevaux dressés en liberté par M. Wulff.

295. Quatre véritables grands succès : les Berisor, gladiateurs romains ; les deux sœurs jumelles Vaidri ; les incomparables petits Martinetti ; Melle Guerra.

296. Plumpudding, original cochon présenté par le clown Antony.

297. LÉONA DARE (très ressemblante).

298-299. La Défense du drapeau. (Deux affiches.)

300. Le cheval Blondin.

Cette affiche n'a pas d'importance comme dessin. Ce qui est plus grave, c'est qu'elle serait de nature à induire les populations en des idées fausses à l'égard des prouesses du cheval Blondin, si l'on n'appliquait à leur description les méthodes de la saine critique historique. L'affiche représente le cheval s'avançant seul et *impavidus* sur la corde raide. Or sa « corde » était une manière de tremplin, et il ne s'y aventurait que de mauvaise grâce et traîné par son cornac, lequel était lui-même retenu à la toiture par une corde passée à son bras. Cet ensemble n'était pas très Pégase.

301. Les Éléphants. (Affiche plus qu'ordinaire, le sujet ne prête pas : mais les éléphants étaient bien drôles !)

302. *LES RADJAHS*, pantomime équestre à grand spectacle. (Très belle et grande affiche.)

303. *Jeanne d'Arc*, id.

304-305. *CADET ROUSSEL*, id. (Très belle affiche, grande. La même, petite.)

306. *LE CHAT BOTTÉ*, id.

307-310. COURSES A PIED avec obstacles. (Hommes, une grande et une petite affiche. Femmes, id.)

Les générations futures se feront difficilement l'idée des succès de ces courses, de la joie que répandait la lutte de vitesse de mesdames les coureuses, et surtout du rire homérique provoqué par les courses d'obstacles, surtout au moment où la bande de messieurs les gentilshommes ordinaires de l'hippodrome se trouvait prise dans les mailles du grand filet !

311-312. Hippodrome-Kermesse. (Deux affiches.)

22. CAFÉ-CONCERT DES AMBASSADEURS.

313. CAFÉ-CONCERT DES AMBASSADEURS.

314. Café-Concert des Ambassadeurs. (Tableau de la troupe en jeu de cartes : très jolie affiche.)

315. Id. (Tableau de la troupe en 21 médaillons.)

316. Id. (Tableau de la troupe.)

317. Le Charmeur d'oiseaux.

318. Duo de *Geneviève de Brabant*.

319. Hector et Faue.

320. L'Homme-type incomparable dit le caméléon physionomiste.

321. *La Fille du ferblantier*, scie en 150,000 couplets créée par M. Nicot.

322. Les Frères Léopold.

323. Les Martinettes.

324. Stewart et H. Dare.

325. L'Avaleur de sabres.

326. Les Frères Avone.

327. *L'Arche de Noé*, paroles et musique de Costé.

328. *LA FÊTE DES MITRONS.*

329. LES MOGOLIS, excentric dancers.

Excentric n'est pas assez dire ; c'est le comble de l'incohérence, s'il faut en croire l'affiche.

23. CAFÉ-CONCERT DE L'HORLOGE.

330-331. SPECTACLE-PROMENADE DE L'HORLOGE, prix unique, 1 fr. (Grande affiche. Un garçon de café présente sur son plateau les principaux sujets de la troupe. C'est une des meilleures affiches de Chéret. — La même, en petit.)

332. L'Horloge : couverture mobile.

Il faut savoir faire attraction de tout. La couverture mobile a son prix, les jours de pluie.

333. Les Majiltons.

334. *Le Pékin de Pékin*, créé par Suiram.

335. Vaughan.

336. Les Chiarini.

337-338. Débuts de l'homme-femme soprano. (Son portrait en homme, et son portrait en femme : deux affiches.)

339. Derame.

340. Martens, types et scènes tintamarresques.

341. Le Major Burk (équilibriste américain).

342. Les Frères Léopold (clowns, exercice des chapeaux).

343. Les mêmes (la barre fixe).

344. Débuts de la troupe Lawrence (clowns).

345. *Duo des Chats*, débuts de M. et Mme Martens.

346. Les Girard.

24. Café-Concert de l'Alcazar.

347. Alcazar d'Été, Champs-Élysées, spectacle-concert-promenade (en quoi promenade, s. v. p.? Grande affiche, donnant la vue de la scène mauresque.)

348-349. Tous les soirs, spectacle varié, troupe française et étrangère. (Grande et petite affiche.)

350. Entrée libre, grande scène mauresque, aspect féerique.

351. Tous les soirs les Rigolboches. (Cancan échevelé, mais non inconvenant. On n'ôtera jamais de l'idée de l'étranger, qui nous reproche de ne pas le connaître et qui nous ignore absolument, que c'est là notre danse nationale!)

352. *L'Amant d'Amanda*, excentricité chantée par M. Legrand.

353. *Amanda*, réponse à l'amant d'Amanda, excentricité chantée par Mlle Bianca.

25. Café-Concert du XIXe Siècle.

354. Concert du XIXe Siècle, 61 rue du Château-d'Eau. Immense succès. (Grande affiche, tableau de la troupe.)

355. Id. Wohanka, chef d'orchestre. (Petite affiche.)

356. Ce soir, début de Madame Juliette d'Arcourt (portrait).

357. Plessis (avec ses différentes têtes d'imitations).

26. La Tertulia.

358. TERTULIA, 1 rue Rochechouart.

Cette grande affiche, qui représente un pierrot, est un chef-d'œuvre.

La salle de la Tertulia fut ensuite occupée par les Folies-Montholon et le Père Hyacinthe.

359. Tertulia, Paul Legrand, Macé-Montrouge. (Petite affiche.)

360. Folies-Montholon, 7 rue Rochechouart.

361. Paul Legrand, pantomime (médaillon d'un pierrot).

27. Spectacles divers.

362. M. Harry Wallae's, Nouveautés parisiennes, le Protée musical.

363. Affiche sans titre (femme suspendue à une corde par la bouche).

364. Fantaisies music-hall. (Belle affiche.)

365-367. Fantaisies Oller, music-Hall, boulevard des Italiens, Delmonico le dompteur noir. (Trois affiches.)

368-369. Jardins de Paris, derrière le Palais de l'Industrie, spectacle, bal, concert, les sœurs Blazek, 1 seul corps, 2 têtes, 4 bras, 4 jambes. (Affiche, et un joli placard donnant le portrait du phénomène.)

370-371. Grandes affiches sans titre. (Clowns, sur un fond mi-partie bleu et rouge. — Autre, sur un fond blanc et vert.)

372. Jee Brothers, grotesques.

373. Eden-Concert, miss Marilla la femme athlète.

374. Harmonie, faubourg St-Martin 64, troupe suédoise sous la direction de M. Alphonse (clowns).

375. Bidel.

376. Grand Musée anatomique.

377. Palace-Théâtre, 15 rue Blanche.

378. Vogue universelle, Dr Nicolay, magie.

379. La Grotte du Chien.

380. Les Drames et Splendeurs de la mer : *le Vengeur*.

381. Fête pantagruélique, organisateur M. Maurice, 12 rue d'Orsel parc d'Asnières, Dimanche 20 août 1876.

382. Union centrale des Beaux-Arts, 1880.

383. Société nationale de tir des communes de France.

384. DÉCLARATION DES DROITS DE L'HOMME.

385. Champs-Élysées, ancien concert Besselièvre

386. Rueil-Casino.

387. Caprice-Concert, ancien skating, sur la plage à Trouville.

388. COURSES A MONT-DE-MARSAN. (Très grande.)

389. Walhalla, wolks-theater.

28. FOLIES-BERGÈRE.

390. Folies-Bergère, prix unique, 2 francs, Olivier Métra et son orchestre.

391. Id. (Vue de la salle.)

392. Id. (Vue du promenoir.)

393-394. Id. (Bergère devant une lyre. Deux affiches.)

395. BUFFET DES FOLIES-BERGÈRES, tarif des consommations.

396. Programme de la soirée. (Grand placard affiché dans les couloirs.)

397. FOLIES-BERGÈRE EN VOYAGE.

398. Folies-Bergère, skating-concert tous les soirs, saison d'été.

399. LES ALMÉES. (Grande affiche, superbe.)

400. LA TROUPE JAPONAISE. (Grande affiche.)

401. LA CHARMEUSE DE SERPENTS. (Id.)

402. LES CHIENS GYMNASTES. (Id.)

403. Achilles, l'homme-canon.

404. Jefferson, l'homme-poisson.

405. Le dompteur noir Delmonico.

406. Holtum, l'homme au boulet de canon.

407. Holtum l'écartelé.

408. La troupe Girard (pyramide de six femmes sur les épaules d'un vélocipédiste).

409. Les Elliott, enfants vélocipédistes.

410. Lions et Lionnes de M. Belliam.

411. Les Caretta, équilibristes et charmeurs de pigeons.

412. LES GIRARD (trois clowns vêtus de noir, et tout en jambes d'une longueur démesurée; ils étaient incomparables pour s'écarteler).

413. Les Phoïtes (même genre que les Girard, mais pour varier, ça se resert sous un autre nom).

414-415. LES TSIGANES, musiciens hongrois. (Grande et petite affiches. Très belles.)

416. Le géant Simonoff et la princesse Paulina, la poupée vivante.

417. CIRQUE CORVI, quadrupèdes et quadrumanes.

418. Taureau dompté et dressé.

419. Léonati, vélocipédiste, et Dalwini, jongleur équilibriste.

420. LA VRAIE ZAZEL (femme-obus).

421. Dr Carver, le premier tireur du monde.

422. Le nouveau Guillaume-Tell.

423. Troupe Bugny (chiens et singes).

424. Les Éléphants et sir Edmunds.

425. Troupe japonaise de Yeddo.

426. LES ZOULOUS.

427. LES FRÈRES RAYNOR, virtuoses grotesques.

428. Le Spectre de Paganini.

429. Poonali et Delhi.

430. Divertissement indien. Miss O. Nati et les frères Onra.

431. Un tableau pour rien.

432. MISS LÉONA DARE (très ressemblante).

433. Emma Jutau (descendant sur la corde raide, suspendue par la bouche).

434. Miss Lala.

435. *LE SPHYNX*, ballet, musique d'Hervé.

436. *LA TARENTULE*, ballet.

437. *MONACO*, divertissement.

438. *DO-MI-SOL-DO*, les Hanlon-Lees. (Agoust en chef d'orchestre abracadabrant. Mais rien ne saurait rendre l'étonnante fantaisie de cette pantomime inouïe.)

439. *UNE SOIRÉE EN HABIT NOIR*. Les Hanlon-Lees.

440. LA MUSIQUE DE L'AVENIR, par les Bozza.

Cette affiche, d'une extraordinaire fantaisie, a été reproduite dans la *Gazette des Beaux-Arts*.

29. THÉATRES.

441. Opéra. *Polyeucte* (musique de Gounod).
442. — *Françoise de Rimini* (Amb. Thomas).
443. — *Coppélia* (Delibes).
444. — *La Farandole* (Dubois).
445. — *Tabarin* (Pessard).

446. Opéra-Comique. *Vert-Vert* (Offenbach).
447. — *Le Portrait* (Lajarte).

448. Variétés. *La Vie parisienne* (Offenbach).
449. — *La Grande-Duchesse* (Offenbach).
450. — *Le Pont des Soupirs* (Offenbach).
451. — *Les Brigands* (Offenbach).
452. — *MADEMOISELLE GAVROCHE* (Hervé).
Très jolie affiche ; la petite actrice est campée avec un chic tout parisien.

453. Bouffes. *LA PRINCESSE DE TRÉBIZONDE* (Offenbach).
454. — *Boule de neige* (Offenbach).
455. — *La Quenouille de verre* (Grisar).

456. Renaissance. *La Reine Indigo* (Johann Strauss).
457. — *FANFRELUCHE* (Serpette).
Grande affiche : une des plus belles.
458. — *La Tsigane* (Johann Strauss).

459. Folies-Dramatiques. *Les Turcs* (Hervé).
460. — *Le petit Faust* (Hervé).
461. — *François les Bas-Bleus* (Bernicat).

462. Fantaisies. *LE DROIT DU SEIGNEUR* (Vasseur).
Une des plus belles affiches de Chéret.

463-464. Menus-Plaisirs. *Geneviève de Brabant* (Offenbach).
Deux affiches.

465. Taitbout. *La Cruche cassée* (Vasseur).

466. Nouveautés. *Fatinitza* (Suppé).
467. — *Le Château de Tire-Larigot* (Serpette).

468. Palais-Royal. *Le Chateau à Toto* (Offenbach).

469-470. Athénée : tous les soirs *Pulcinella*.
Deux affiches.

471. Gaîté. *Orphée aux Enfers* (Offenbach).

472. — *Les Brigands* (Offenbach).

473. — *Le Voyage dans la Lune* (Offenbach).
Premier état, interdit par la censure : les hirondelles (ces hirondelles qui firent courir tout Paris), à droite de l'affiche, ne sont pas plus vêtues qu'elles ne l'étaient sur la scène. On ne toléra pas leurs maillots... sur l'affiche.

474. — *Le Chat botté.*

475. Porte-Saint-Martin. *LA BICHE AU BOIS.*

476. — *Les Deux Orphelines.*

477. — Marie Laurent, *la Voleuse d'enfants.*

478. Châtelet. *Théodoros*, 1868.

479. — *Les Pilules du Diable.*

480. — *La Poudre de Perlimpinpin.*

481. Théâtre historique. *LES MUSCADINS.* (Très jolie.)

482. — *Le Régiment de Champagne.*

483. Représentation de M. Talbot, sociétaire de la Comédie-Française. (En-tête d'affiche avec portrait de Molière, pour les tournées en province.)

484. Tournées artistiques : M. St-Omer, directeur. *Les Petits Mousquetaires*. 1885.

485. *Faust.* Lydia Thompson. (Affiche faite pour Londres.)

486-487. Lyceum. *Little Faust.* (Grande et petite affiche.)

488. Gaiety. *Princess of Trebizonde.*

30. BALS : VALENTINO, TIVOLI, FRASCATI.

489. VALENTINO.— (Polichinelle et deux femmes costumées, sur un fond noir. C'est la seconde affiche publiée par Chéret à Paris ; elle est restée une de ses plus belles.)

490. Valentino : Direction Pierre Ducarre.

491 — Deransart, chef d'orchestre.

492. — Six nains hollandais.

493. Cremorne, 251 rue Saint-Honoré. (Même affiche que celle de Valentino n° 489.)

494. Cremorne, les Orangs-Outangs.

495-497. TIVOLI VAUX-HALL, Jardins d'hiver et d'été. — (Pierrot, un polichinelle et deux femmes costumées : superbe affiche double colombier. — Même sujet pour grand et petit placard.)

498-499. TIVOLI VAUX-HALL, Bal de nuit. — (La Folie, entre les médaillons de Pierrot et de Polichinelle : superbe affiche double colombier. — Même sujet pour petits placards, 1872.)

500. TIVOLI VAUX-HALL ; Léon Dufils, chef d'orchestre. — (Polichinelle et une femme costumée. Petite affiche.)

501. Tivoli Vaux-Hall. — (Vue de l'entrée de l'établissement.)

502. FRASCATI. — (Très grande et curieuse affiche, donnant une vue de la salle de la rue Vivienne, où fut depuis le Cercle des Arts libéraux ; Arban conduit l'orchestre, qu'il entraîne de la main, du pied et de la voix, suivant son habitude.)

503. FRASCATI, Bal masqué, Arban et l'orchestre de l'Opéra, tous les samedis — (Un polichinelle, un pierrot et deux femmes costumées. Cette belle affiche date de 1874.)

504. Frascati : Chefs d'orchestre, Litolff et Arban. M. et Mme Armanini, mandolinistes.

31. Titres de morceaux de musique.

505. *Rose*, vieille chanson du jeune temps, poème de Victor Hugo, musique de Caussade.

506. *LES VIRTUOSES DE L'AVENIR.*

507. *Le Château de Tirelarigot*, réduction de l'affiche.

508. *LE TSIGANE*, etc.

509. *Le P'tit Lucas*, L. Gabillaud, musique de Henri Chateau.

510. *L'Enfant de la blouse*, paroles de Édouard du Bois, musique de H. Chateau.

511. *Aimons-nous*, valse sur la mélodie anglaise *Sweethearts* de Sullivan, par Ch. d'Albert.

512. *My heart is thine a new musical Valentine*, (de *l'Oncle Sam*, vaudeville), quadrille américain par Brindeau.

513. *Velleda*, musique de Lenepveu.

514. *Porte-Veine*, polka par Eug. Satias.

515. *Le Point sur l'I* (Tipfert), polka par Johann Strauss.

516. *I miei Fantoccj* (1re série) : Monsieur Polichinelle en voyage, musique de Léopold Dauphin.

517. *Les Pantins roses*, quadrille pour piano par L. C. Desormes.

518. *Les Polichinelles*, quadrille pour piano par L. Dessaux.

32. Couvertures de livres-prospectus.

Couvertures de livres-prospectus pour *la Nouvelle Cuisinière universelle*, — pour les *Machines agricoles Pilter* (3), — pour le *Petit Saint-Thomas* (15), — pour le *Printemps* (12, extrêmement jolies), — pour la *Ville de Paris*, — pour le *Chemin de fer de l'Ouest* (itinéraire des bains de mer). — Grand prospectus pour le *Printemps*, donné en supplément par le journal *l'Écho* du 9 décembre 1883.

33. Cartes-chromo.

Cartes pour le *Printemps*, la *Nouvelle-Héloïse*, le *Louvre*, la *Parisienne*, dans le genre de celles que les magasins de nouveautés distribuent actuellement à profusion.

34. Programmes pour les Folies-Bergères, l'Hippodrome.

35. Menus pour les banquets de la Chambre syndicale des imprimeurs-lithographes (1883, 1884, 1885), pour la Société des Protes (14 mai 1882), pour l'Hôtel du Pavillon-Impérial à Biarritz.

36. Titre et planche pour le *Livre des Parfums*, de Rimmel, préface d'Alphonse Karr (Claye, in-8).

37. Pierrot sceptique (Rouveyre, 1881, imprimé par Chéret) : couverture, chromos et vignettes. — *Les Saisons*, 4 compositions pour encadrer des poésies d'Adrien Décamy (exécutées pour les Magasins du *Printemps*).

38. Le Printemps et l'Automne, dans l'*Almanach du Figaro* de 1882.

39. Couverture du *FIGARO ILLUSTRÉ* de 1886, (même sujet que l'affiche n° 227). — Couverture pour *Entrée de Clowns*, roman de F. Champsaur.

40. LES AFFICHES ILLUSTRÉES, par M. E. Maindron. Paris, librairie artistique de Launette et Cie, 1886, grand in-8.

L'illustration de ce curieux livre comprend soixante-dix reproductions d'affiches en gillotage, quatre affiches coloriées au pinceau, quatre chromolithographies de Léon et Alfred Choubrac; enfin, — et c'est sur ce point que nous attirons particulièrement l'attention, — vingt-quatre chromolithographies faites par Chéret et reproduisant ses plus célèbres affiches.

La couverture est également dessinée par Chéret.

Nul n'était plus autorisé à publier ce travail que M. Maindron, collectionneur passionné d'affiches : (il en possède plus de dix mille). M. Maindron, notons ceci, peut revendiquer l'honneur d'avoir été le premier à appeler sur les affiches de Chéret l'attention des amateurs. C'est une heureuse idée qu'il a eue de demander à Chéret des réductions de ses affiches pour les faire entrer dans un livre. N'assure-t-il pas ainsi leur avenir? Car, en comparaison de la durée éphémère de l'affiche, celle du livre est presque une éternité.

Pourquoi Chéret, reprenant l'idée et la développant, ne nous donnerait-il pas un album de cinquante ou cent de ses compositions les meilleures, sur les sujets les plus vivants et les plus actuels? *Paris en Affiches, par Jules Chéret* : voilà un livre qui serait, dès à présent, fort intéressant, et dans l'avenir, infiniment curieux.

TABLE

Lille Imp. L. Danel.

www.ingramcontent.com/pod-product-compliance
Ingram Content Group UK Ltd.
Pitfield, Milton Keynes, MK11 3LW, UK
UKHW031842260826
14628UKWH00002B/529

9 782019 154042